曲に合わせてマイナス10kg、あとは勝手にやせていく！

RYO式 ゆるダン体操

パーソナルトレーナー RYO

KADOKAWA

はじめに

こんにちは、パーソナルトレーナーのＲＹＯです。
いきなりですが、ここで質問です。ダイエットが続かない人が多い理由は何だと思いますか？　その理由は大きく分けて３つあります。

1. ハードな運動や食事制限が辛い
2. そもそも、楽しくない
3. 効果がなかなか実感できない

僕と一緒に
ダンスをしながら
楽しく筋トレを
しましょう!

キツい、辛いと思っているものを続けるのにはやはり気合いがいります。なんとか習慣化させようと数日がんばってみても、楽しくないとやる気になれず、**挫折してしまうというのはよくあるパターンです。**

また、1か月ほど続けることができたとしても、体重が1、2kg減ったことでつい油断をしてしまいリバウンド。場合によってはダイエット開始時よりも太ってしまうなんてことも……。

その気持ちよーくわかります。実は僕も筋トレやダイエットが大嫌いで、なかなか続かず苦労したことがありました。

ここでちょっとだけ僕自身の話をさせていただきたいと思います。

僕は高校時代バスケットボール部に所属していました。県大会で常に上位に食い込む強豪校だったこともあり、ボールを使った練習をする前に毎日みっちり筋トレをしなければなりませんでした。正直、この筋トレがとにかくキツくて、キツくて、「筋トレ＝辛い、嫌だ」というイメージが僕の脳にこびりついてしまいました。

この苦い記憶が悪影響を及ぼします。

部活引退後の僕は運動を一切しなくなりました。

ただ、スポーツを観戦することや、コーチングには興味があったため、高校卒業後はスポーツトレーナーを育成する専門学校に入学。運動生理学や栄養学、解剖学などについて学びました。でも、運動する時間よりも座学の方がメインになっていた時期があり、運動量が減ったのにもかかわらず、食欲は旺盛なままドンドン太っていくことに……。お腹は膨れ上がり、**気がつくと体重は80kg超になっていました。**

さすがに、この体型のままでパーソナルトレーナーとして活動していくのは厳しいと実感し、ダイエットにチャレンジしたのですが、なかなか続きませんでした。
特に筋トレは、ちゃんと実践すれば、体が引き締まるというのはわかっていても、「キツいなぁ」「めんどくさいなぁ」というマイナスの感情の方が前に出てきてしまい、なかなかやる気になれなかったのです。

この状況をなんとか打破したいと思い、筋トレを楽しむ方法として考えたのが、曲に合わせて踊るように体操することでした。
実際、この方法を専門学校卒業後に就職した大

学の運動部の学生に実施したところ、**曲があると筋トレへのモチベーションが前向きになるだけでなく、脂肪燃焼率もアップするという結果が出ました。**

そこで、曲のテンポや運動の難易度などについても独自で研究し、**誰でも楽しみながら続けられる脂肪燃焼筋トレ運動として編み出したのが、本書で紹介する「ゆるダン体操」です。**

筋トレが苦手だった僕も、この「ゆるダン体操」を実践することで、**楽しみながら脂肪が燃焼していきマイナス23kgを達成。**ただやせるのではなく、しっかり引き締まったボディに変身することができました。

「ダイエットは辛い」「キツい」とにかくガマンしなくてはという状態から脱出しましょう！　たとえそれで体重が一瞬減ったとしても、辛いトレーニングを持続しなければ、すぐにリバウンドすることになります。ダイエット迷子の人が多いのはそれが大きな原因。
キツい、辛いは一切なし。楽しみながら曲に合わせて踊るだけで体が勝手に引き締まっていく「ゆるダン体操」で、さぁ、あなたも理想の体型を手に入れましょう！

——RYO

デザイン	カバー／吉田憲司（TSUMASAKI）
	本編／辻 由美子
DTP	三光デジプロ
モデル	中野優香（Space Craft）
イラスト	いなばゆみ
撮影	當麻結菜、落合耕大
スタイリスト	木村柚加利
ヘア＆メイク	堀江由美
校閲	麦秋アートセンター
編集	根岸亜紀子（KADOKAWA）

Contents

002 はじめに
010 曲に合わせて運動すると何がいい?
脳を刺激して楽しく筋トレが続けられるようになる
5つのメリット
016 誰でも楽しくチャレンジできる
「ゆるダン体操」3つの特徴
018 本書の見方
020 さぁ、いよいよ「ゆるダン体操」のスタートです!

PART 1
025 全身体操で体のバランスを整え、脂肪を燃焼
026 全身体操【パターンA】と【パターンB】それぞれの役割を紹介
032 全身体操【パターンA】解説
050 全身体操【パターンB】解説
068 教えて「ゆるダン体操」Q&A

069 PART 2 体のひねりを使ってお腹・背中やせ 気になる部位別体操

088 *Column* 日本人にぽっこりお腹が多いのには理由がある

089 PART 3 下半身を刺激してヒップアップ・太ももやせ 気になる部位別体操

106 僕が笑顔にこだわる理由――パニック障害の経験から実感した笑顔のパワー

110 *Column* ダイエットはイベントじゃない！ 続けてこそ意味がある

111 「ゆるダン体操」と一緒に食事もおいしく管理していこう

112 実は勘違いしていることも！ 間違いだらけの食生活を見直そう

114 おいしくダイエットするためのおすすめレシピ

116 気づいたらやせていた！「ゆるダン体操」体験者の声

118 おわりに

曲に合わせて運動すると何がいい？

脳を刺激して楽しく筋トレが続けられるようになる 5つのメリット

曲に合わせて体操する
「ゆるダン体操」には
メリットがいっぱいあります

音楽効果で脳内のドーパミン分泌量が増え、気持ちが前向きになる

Merit 1

ダイエットのための筋トレを続けるうえで大切なのが「楽しい」「もっとやりたい！」と思えるかどうかということ。人は音楽を聴きながら運動すると、脳内でドーパミンが多く分泌されるという結果が多くの研究で示されています。ドーパミンは快感やワクワク感に大きく作用する物質。ドーパミンの分泌により、やる気が引き出され、前向きな気分で運動することができるようになります。

ノリのよい曲を聴くことでテストステロンが分泌され、運動のパフォーマンスが向上

Merit 2

人は音楽を聴きながら運動をすると、骨格や筋肉の成長を促進する作用があるテストステロンの分泌量が増え、運動のパフォーマンスが向上します。また、リズムに合わせて体を動かすことで脳の前頭前野背外側部（DLPFC）が刺激され、集中力が高められ、促進されるということが、筑波大学と北海道医療大学の研究で発表されています。好きな音楽と一緒に楽しみながら運動しましょう。

曲に合わせて動くことでリズムが安定し、正しい筋トレができる

Merit 3

筋トレやストレッチをするうえで大切なのは、毎回同じリズムで筋肉にアプローチしていくこと。とはいえ、セルフで筋トレをしていると、自分のタイミングで行うことになるので、どうしてもリズムに乱れが生じやすくなってしまいます。その点、曲に合わせて運動すれば、一定のリズムを維持することができるようになります。

幸せホルモンが分泌され、
モチベーションがUPし、
続けやすくなる

Merit 4

音楽を聴きながら運動することで脳内に「幸せホルモン」と呼ばれる神経伝達物質のセロトニンが分泌されることはスポーツ庁からも発表されています。特に好きな曲やノリのいい曲はその曲を聴くだけで明るい気分になるため、「もっとやりたい」と思えるようになり、モチベーションもＵＰしていきます。曲に合わせて動くことが楽しくなれば、運動は習慣化しやすくなります。

グルーヴ感に体が反応し、曲を聴くだけで、筋肉にアプローチできる

Merit 5

人はノリのいい曲を聴くと体が自然とリズムをとり、軽く動きだすことがあります。この状態を「グルーヴ」と呼びます。筑波大学と北海道医療大学の研究で音楽と運動を連動させるとこのグルーヴ感が脳に定着し、その曲を聴くだけで、脳の前頭前野が刺激され、筋肉が軽くリズムをとる感覚が得られるということが発表されています。グルーヴ感のある曲は、移動時に聴くだけで運動しなくても、脳内で動きをイメージすることで、筋肉を刺激することができます。

誰でも楽しくチャレンジできる「ゆるダン体操」3つの特徴

「ゆるダン体操」は曲に合わせて踊るように行います。脂肪の燃焼に効果的な運動を組み合わせているだけでなく、筋肉をしっかりストレッチできるように工夫してあるので、楽しみながら続けることで、引き締まった体にしていきます。
今回、本書のために、より効果的な動きを組み合わせ効率よく動けるよう、オリジナルの曲を制作しました。明るい気分になれるアップテンポなリズムと前向きな歌詞で気分が向上しやすいように工夫されています。歌詞に合わせて踊るように筋トレを楽しんでください。

Point 1

簡単な動きだから誰でもマスターしやすい

曲に合わせて踊りながら運動する「ゆるダン体操」。ダンスというとハードな動きをイメージする人もいるかもしれませんが、ご安心ください。「ゆるダン」という名の通り、すべての動きはとってもシンプル。誰でもマネしやすい動きになっています。

Point 2

グルーヴ感満点の16ビート構成

動きはシンプルな方がマネしやすくても、曲のリズムもゆったりしていたのでは、テンションはあまりUPしません。「ゆるダン体操」の曲はグルーヴ感のある16ビート構成。リズムに合わせて、踊る感覚でチャレンジしてください。

Point 3

気分がUPする前向きソング

「ゆるダン体操」には曲に合わせて、気持ちが前向きになれる歌詞もついています。ダンスをマスターして慣れてきたら、歌いながら動くようにすると腹直筋も鍛えられるので効果倍増です！

本書の見方

二次元コードで
曲と全体の
動きをCHECK!

二次元コードで
全体の動きを
動画でCHECK
(歌詞あり)
二次元コードで
全体の動きを
カラオケバージョンの
動画でCHECK
PART
1
全身体操で
体のバランスを整え、
脂肪を燃焼
「ゆるダン体操」の基本となる全身体操で体全体をしっかりストレッチし、新陳代謝を向上させましょう。上半身と下半身の運動を連動させることで、体全体の脂肪を燃焼しやすくしていきます。
また、全身体操では曲の前半【パターンA】から後半【パターンB】に移ると、基本のステップが太もも上げステップからサイドステップにチェンジします。

まずは、動画で「ゆるダン体操」の動きをCHECK!

　各PARTの扉ページにあるQRコードをスマートフォンで読み込み、動画で全体の動きを把握してください。
　あとは、一連の流れをチェックしながら、曲に合わせて一緒に踊りながら筋トレしていきましょう。

二次元コードでの動画視聴サービスについて

※動画閲覧にかかる通信料金は、お客さまの負担になります。
※スマートフォンやタブレットの機種によっては、閲覧できない場合がありますので、ご了承ください。

各体操の全体の動きが把握できるよう、一連の流れを紹介。

「全身体操（パターンA、パターンB)」「お腹・背中やせ」「ヒップアップ・太ももやせ」ごとに一連の流れを見開きページで紹介。各Actionの動きをひと目でチェックできるようになっています。

一連の動きと解説ページを紹介

各Actionの細かな動きの解説が載っているページを表示

Close-up

動きのリズムカウントを表示

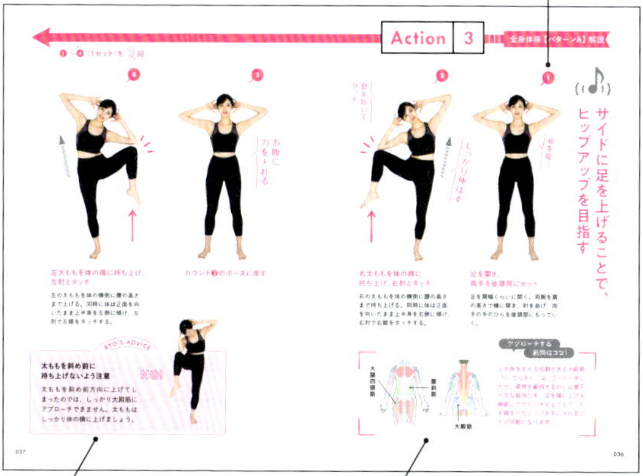

各Actionの動きを解説

Actionごとの細かな体の動かし方や注意点などを解説。

NGパターンや注意ポイントを紹介

どの筋肉にアプローチしているのかを解説

さぁ、いよいよ「ゆるダン体操」のスタートです!

「ゆるダン体操」は1回約1分30秒の運動になっています。
1日3回実施することを目安にしてください。

「ゆるダン体操」の基本となる全身体操は曲の前半と後半で【パターンA】、【パターンB】に分かれています。
【パターンB】の部分はP69〜の「お腹・背中やせ」P89〜の「ヒップアップ・太ももやせ」の運動に差し替えることで、目的に合わせたアプローチができるようになっています。

また、各Actionは16ビートの曲に対し、8カウントで踊る形になっています。1Actionにつき、4カウントの動きを1セットとし、これを2回行います。

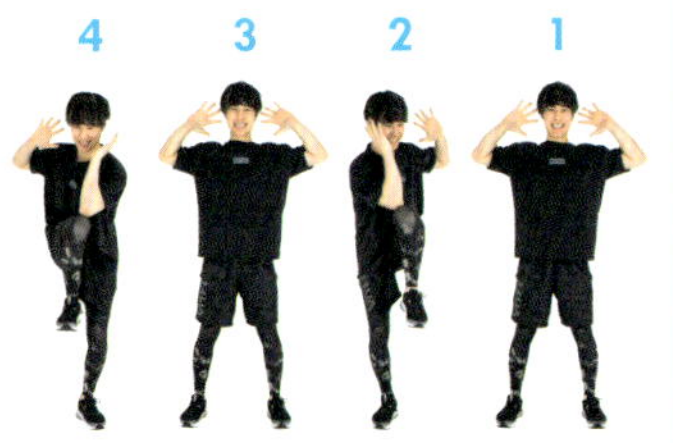
1
2
3
4
4カウントの動きで1セット

1Actionにつき、
1セットを2回
行います

「ゆるダン体操」の活用法

1 まずは、基本の全身体操を実践

体全体の筋肉をまんべんなく動かし、脂肪燃焼率をUPさせましょう。基本の全身体操は1日1回必ず行うようにしてください。

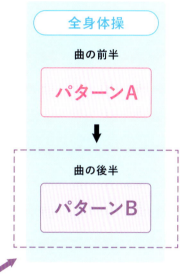

全身体操

曲の前半
パターンA
↓
曲の後半
パターンB

目的ごとにこの部分を差し替え

2 目的別に曲の後半【パターンB】の運動を差し替えて理想のボディを手に入れよう

全身体操は曲の前半と後半で【パターンA】と【パターンB】に分かれています。【パターンA】の動きはそのまま、【パターンB】のみ、「お腹・背中やせ」や「ヒップアップ・太ももやせ」の体操に差し替えることができます。

曲の前半はパターンAのまま、曲の後半だけ差し替え可能になります

全身体操

曲の前半
パターンA
↓ ↓
曲の後半
ヒップアップ・太ももやせ
お腹・背中やせ

Point

1日3回のうち、1回は全身体操の【パターンA】と【パターンB】を通しで行い、あとの2回は、目的別に体操を差し替えることで、気になる部位を強化することができるようになっています。自分なりにアレンジして理想のボディを手に入れてください。

Warm Up

イントロダクション

イントロでウォームアップ。まずはリズム感をつかもう

イントロ部分は大切な準備運動パート。曲のリズムに合わせながら、体を軽く上下に動かしましょう。

両手を腰に置き、足は肩幅に開く。

アプローチする筋肉はココ！

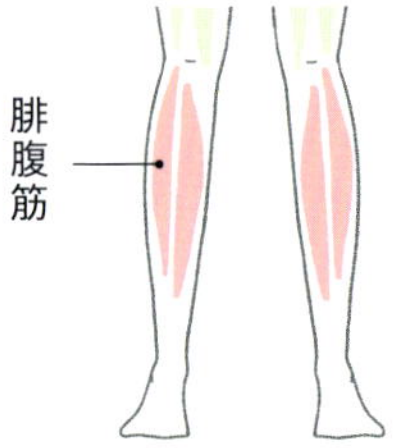

軽くつま先立ちになりながら上下に動かすことでふくらはぎのところにある腓腹筋（ひふくきん）をストレッチ。腓腹筋は体全体のバランスを保つうえで重要な筋肉。しっかりほぐすことで、その後の動きがスムーズになります。

着地時に膝を曲げないよう注意！

膝は真っすぐ伸ばしておく
つま先立ちになるくらい、かかとをしっかり上げる

リズムに合わせて、両足のかかとを6回上げて、下げる。

RYO'S ADVICE

かかとはしっかり上げよう

かかとを軽く上げる程度では、ふくらはぎをしっかりストレッチすることができないため、効果も半減してしまいます。また、次の初動が遅くなるので要注意。

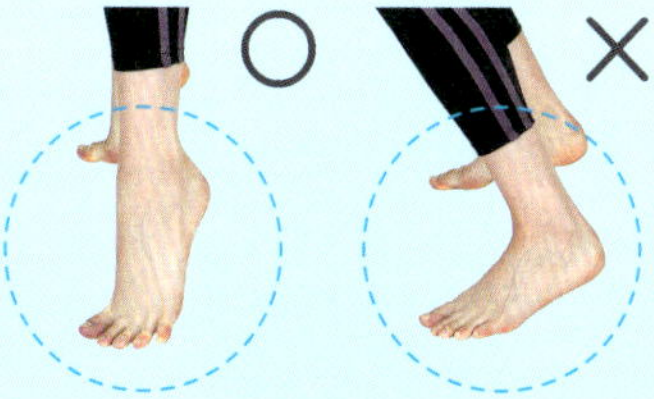
○
×

「ゆるダン体操」には気分が明るくなる歌詞がついています

オリジナルの曲に合わせて作詞もしました。
体操するときに少しでも明るく前向きな気分になれるよう、
試行錯誤しながら作詞したので、
ぜひ歌詞に合わせて踊ってください。

♪

「ゆるダン体操」歌詞

君はもうがんばっているよ
自分の夢を胸に抱いているから
踏み出す勇気　叶える気持ち
ただそれだけでいい
君はダメじゃないさ、決して弱くもないさ
さぁ、今すぐ動きだせばいいよ！
青空とびら開けて
ほら、一緒に踊りだそうよ

さぁいこう！　心晴れ晴れ 大丈夫 胸張れ
世界が変わる 君も笑う
最初は完璧じゃなくていい
今できるベストを
尽くそうぜ！　心晴れ晴れ 前向いて胸張れ
1、2、3、4 Step踏んで Happiness to life
輝く未来見つけたなら
ここからはじめよう Let's change the world!

二次元コードで
全体の動きを
動画でCHECK
（歌詞あり）

二次元コードで
全体の動きを
カラオケバージョンの
動画でCHECK

PART

1

全身体操で体のバランスを整え、脂肪を燃焼

「ゆるダン体操」の基本となる全身体操で体全体をしっかりストレッチし、新陳代謝を向上させましょう。上半身と下半身の運動を連動させることで、体全体の脂肪を燃焼しやすくしていきます。

また、全身体操では曲の前半【パターンA】から後半【パターンB】に移ると、基本のステップが太もも上げステップからサイドステップにチェンジします。

全身体操【パターンA】と【パターンB】それぞれの役割を紹介

曲の前半

全身体操

パターンA

体幹アプローチで軸を強化し、新陳代謝を促進

【パターンA】では全身の筋肉にアプローチし、新陳代謝を促進していきます。下半身の動きは太もも上げステップが基本。太ももを腰の位置まで上げることで、股関節まわりの腸腰筋（ちょうようきん）や太もも前面の大腿四頭筋（だいたいしとうきん）をストレッチ。体幹を強化していきます。

さらに、上半身にひねりや横に倒す動きなどを加えることで、広背筋（こうはいきん）や僧帽筋（そうぼうきん）にアプローチし、新陳代謝を向上させ、体全体の脂肪燃焼を促進していきます。

アプローチする筋肉はココ！

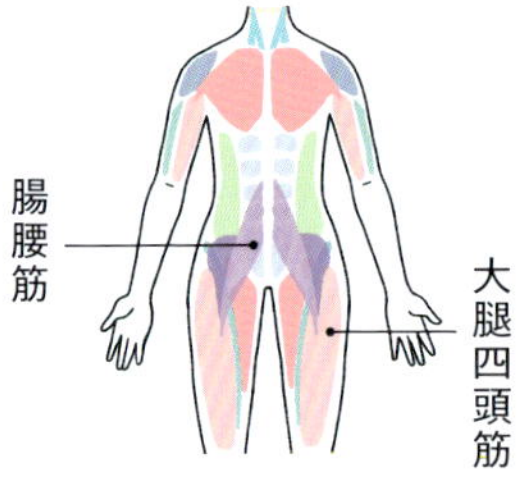

上半身と下半身をつなぐ唯一の筋肉である腸腰筋は体の背面の腰骨から太ももにある大腿骨にかけてある筋肉。太ももの全前面にある大腿四頭筋と合わせてアプローチすることで、姿勢の改善や、基礎代謝の向上を促します。

曲の後半

全身体操

パターンB

筋肉の左右のバランスを整え、体の軸を調整

下半身の動きがサイドステップ中心になる【パターンB】では、お尻の外側にある中殿筋を鍛えていきます。中殿筋は体を支える重要な筋肉で、歩行時や片足立ちをするときなどに骨盤の傾きを調整する役割を担っています。サイドステップで中殿筋にアプローチすることで、姿勢が改善されていきます。また、上半身の動きも片側ずつ行うことで、左右の筋肉のバランスを整えます。

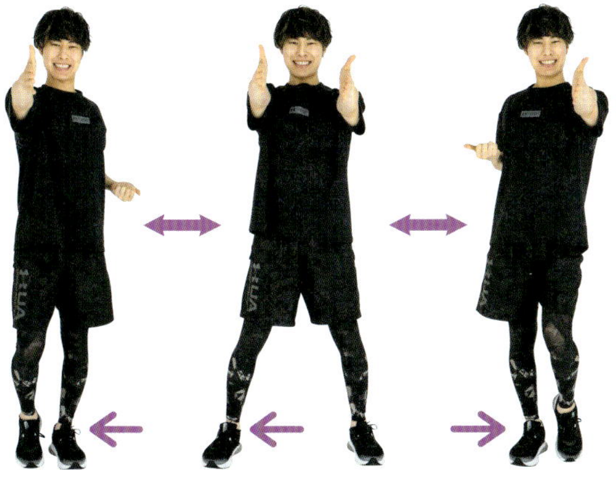

アプローチする筋肉はココ!

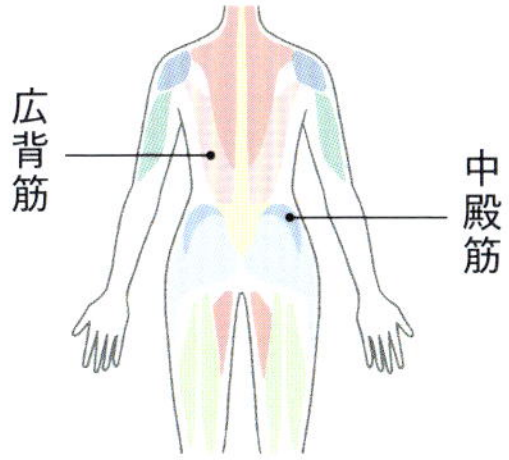

背中の脇の下から腰にかけてある広背筋はストレッチすることで、逆三角形の体型がつくれ、やせやすい体質になれます。お尻の上部外側に位置する中殿筋にアプローチすることで、ヒップアップや骨盤のゆがみの改善が期待できます。

Pattern A

曲の前半

全身体操 パターンA

【パターンA】の一連の動きをCHECK!

【パターンA】の下半身の動きは「もも上げステップ」が基本になります。太ももを腰の位置まで上げ、左右の足を入れ替えステップしましょう。

Action 1

P.032

Action 2

P.034

Action 3

P.036

Action 4

P.038

Action 5

P.040

Action 6

P.042

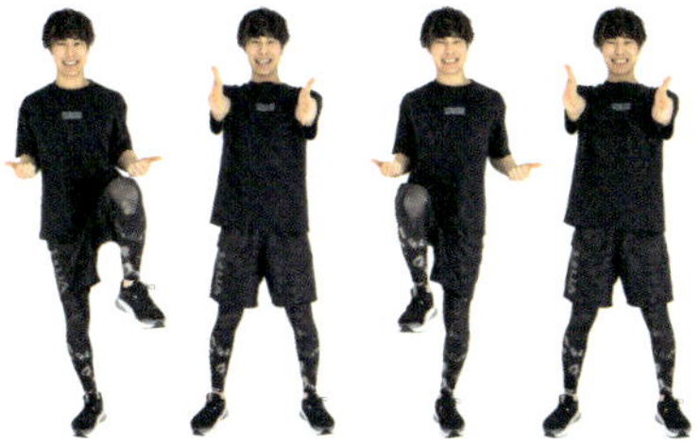

Action 7

P.044

このあと、曲の後半【パターンB】に入り、次からサイドステップに変わります。

Action 8

P.046

切り替え運動

P.048

Pattern B

曲の後半

全身体操 パターンB

【パターンB】の一連の動きをCHECK！

【パターンB】では、下半身はサイドステップが基本の動きになります。足を肩幅に開き、左足を右足に、右足を左足に寄せステップしていきます。

Action 1

P.050

Action 2

P.052

Action 3

P.054

Action 4

P.056

Action 5

P.058

Action 6

P.060

Action 7

P.062

Action 8

P.064

深呼吸

P.066

深呼吸では動きに合わせて大きく息を吸って、吐きましょう。両手を大きく開くのがポイントです。

次のページから、各Actionの細かな動きやポイントを解説していきます。

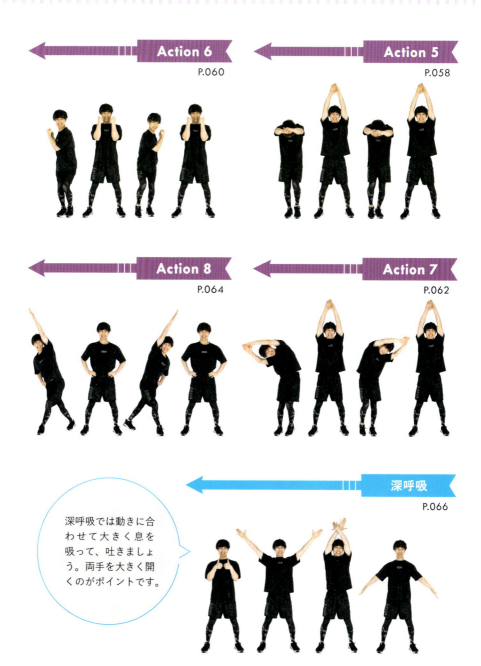

ぽっこりお腹を改善し、腰まわりの余分な脂肪にアプローチ

1

両手を左右に開き、手のひらを頭の後ろにもっていく

足を肩幅くらいに開き、肩の高さで両腕を左右に開き、両手のひらを耳の高さの後頭部にもっていく。

2

上半身をしっかりひねるのがポイント

上半身をひねり、右肘を左膝に近づける

左膝を腰の位置まで上げる。足を上げると同時に上半身をひねり、右肘を左膝に近づける。

アプローチする筋肉はココ!

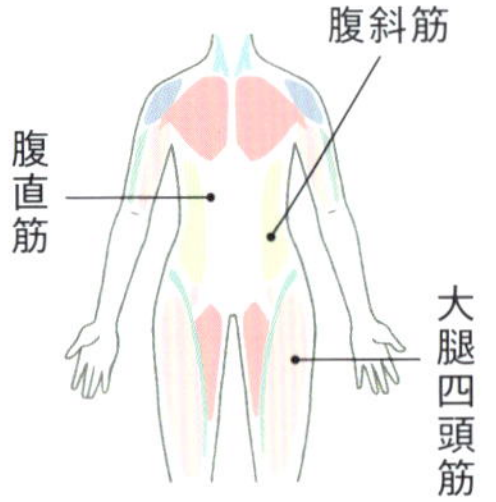

お腹の正面にある腹直筋は正しい姿勢を維持するのに大切な筋肉。猫背やぽっこりお腹を改善してくれます。また、上半身をひねることで、腹斜筋（ふくしゃきん）をストレッチし、腰まわりの脂肪燃焼を促します。

❶〜❹（1セット）を2回

3

カウント❶のポーズに戻る

4

上半身をひねり、左肘を右の膝に近づける

両肘は上げたまま、右膝を腰の位置まで上げる。足を上げると同時に上半身をひねり、左肘を右膝に近づける。

注意Point!

腕だけ動かさないように！

腕だけ動かして肘を膝に近づけないよう注意しましょう。上半身のひねりが使えていないと、腹直筋や腹斜筋にアプローチできません。

Action 2 全身体操【パターンA】解説

肩のラインをスッキリさせ、お腹と太ももにアプローチ

両手を上げ、大きくバンザイをする

大きくバンザイをする感じで両腕をピンと伸ばし、天井の方に上げる。

2
息を吐いて足を上げる
肩甲骨から腕を動かす

左太ももの裏側で両手をタッチ

左の太ももを腰の高さまで持ち上げ、両腕で左太ももを抱えるようにし、太ももの裏側で両手を軽くタッチする。

アプローチする筋肉はココ！

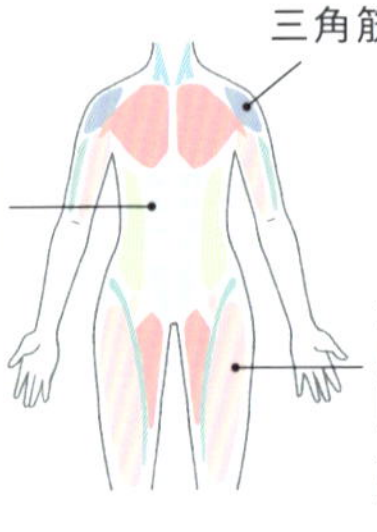

三角筋（さんかくきん）はストレッチをすることで、肩幅を広げ、シャープな肩になっていきます。肩幅が広がることで、女性は顔が小さく見えるようになり、くびれのある逆三角形の体型を目指せるようになります。

❶〜❹（1セット）を2回

3

肘はピンと伸ばす

カウント❶のポーズに戻る

4

太ももの裏で両手をタッチ

右太ももの裏側で両手をタッチ

右の太ももを腰の高さまで持ち上げ、両腕で右太ももを抱えるようにし、太ももの裏側で両手を軽くタッチする。

RYO'S ADVICE

上半身の軸がブレないようにしよう

上半身が傾いてしまうと軸がブレてしまい、三角筋や腹直筋のストレッチ効果が弱まってしまいます。

NG!

Action 3 全身体操【パターンA】解説

サイドに足を上げることで、ヒップアップを目指す

1 足を開き、両手を後頭部にセット

足を肩幅くらいに開く。両腕を肩の高さで横に開き、肘を曲げ、両手の手のひらを後頭部にもっていく。

2 右太ももを体の横に持ち上げ、右肘とタッチ

右の太ももを体の横側に腰の高さまで持ち上げる。同時に体は正面を向いたまま上半身を右側に傾け、右肘で右膝をタッチする。

アプローチする筋肉はココ！

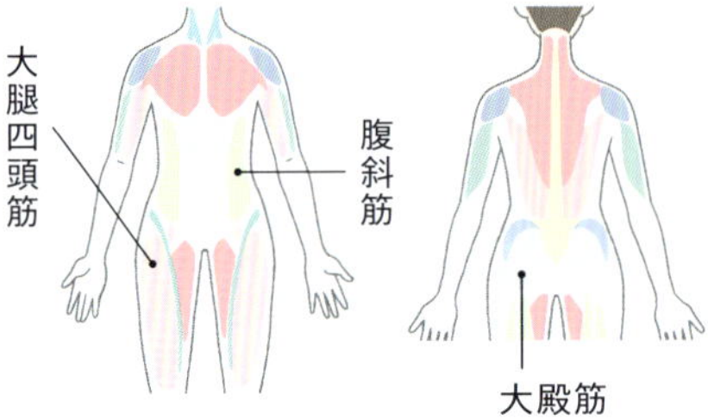

上半身を支える役割がある大殿筋（だいでんきん）は、立ったり歩いたり、姿勢を維持するのに必要不可欠な筋肉です。足を横に上げ大殿筋にアプローチすることで、引き締まったヒップを手に入れることが可能になります。

❶〜❹（1セット）を2回

3

カウント❶のポーズに戻す

4

左太ももを体の横に持ち上げ、左肘とタッチ

左の太ももを体の横側に腰の高さまで上げる。同時に体は正面を向いたまま上半身を左側に傾け、左肘で左膝をタッチする。

RYO'S ADVICE

太ももを斜め前に持ち上げないよう注意

太ももを斜め前方向に上げてしまったのでは、しっかり大殿筋にアプローチできません。太ももはしっかり体の横に上げましょう。

Action 4 全身体操【パターンA】解説

広背筋や腹斜筋へのアプローチで、脇下から腰まわりのハミ肉解消

足を開き、大きくバンザイポーズ

足を肩幅くらいに開き、手のひらを正面に向けて、両腕を天井の方に上げ、バンザイのポーズをとる。

右太ももを体の横で持ち上げ、右肘でタッチ

右太ももを体の横側で腰の高さまで持ち上げるのと同時に、両肘を胸下まで下げ、右肘で右太ももをタッチする。

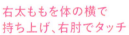

アプローチする筋肉はココ!

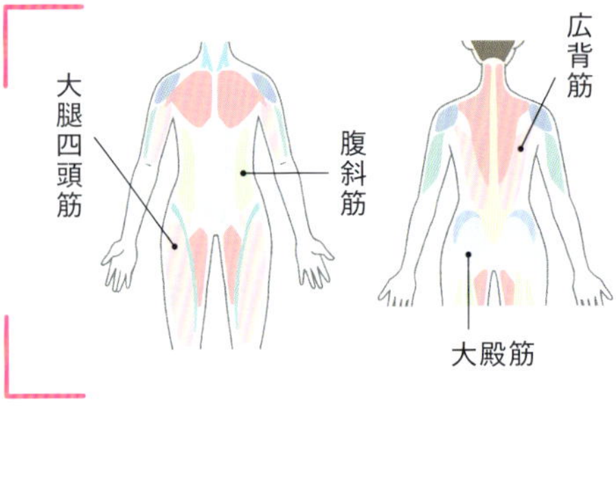

広背筋をストレッチすることで、脂肪を分解する働きがある褐色脂肪細胞が刺激されます。肘と膝を上下に動かし、広背筋と腹斜筋を刺激し、腰まわりのハミ肉を解消し、スッキリとした背中にしていきます。

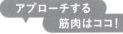

❶～❹（1セット）を2回

3

肩甲骨から腕を動かす

お腹に力を入れる

カウント❶の状態に戻す

4

左太ももを体の横で持ち上げ、左肘でタッチ

左の太ももを体の横側で腰の高さまで持ち上げるのと同時に、両肘を胸下まで下げ、左肘で左太ももをタッチする。

RYO'S ADVICE

膝を前方に向けないよう注意！

足が横ではなく、斜め前に上がった状態では腹斜筋にしっかりアピールできません。膝が体の横にくるよう注意しましょう。

NG!

背中の筋肉を刺激し、ぽっこりお腹解消＋二の腕やせに効果的

足を開き、両腕を持ち上げる

足を肩幅くらいに開き、手のひらを正面に向けて、両腕を天井の方に上げる。肘をピンと伸ばすのがポイント。

2
息を吐く
胸を前に出す感じで背中を伸ばす

両腕を体の後ろに引き下げるのと同時に、右の太ももを上げる

両腕を一気に体の背中の方に引き下げる。お尻から足ひとつ分くらい腕を体の後ろに引く感じがベスト。手の動きと同時に、右の太ももを体の前に腰の高さまで持ち上げる。

アプローチする筋肉はココ！

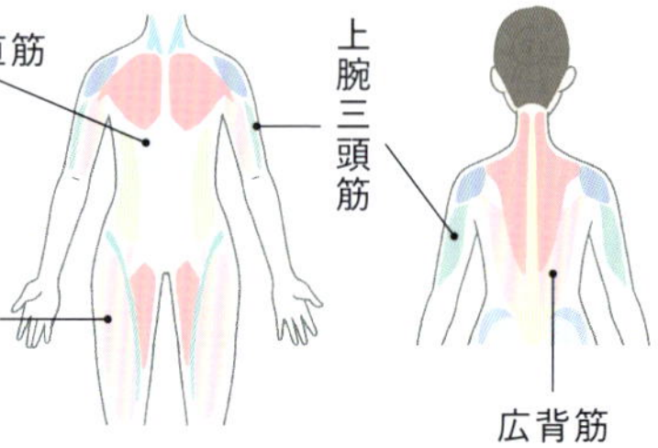

腕の裏側にある上腕三頭筋（じょうわんさんとうきん）は、日常生活であまり使われることがないため、脂肪がつきやすく、たるみやすい筋肉です。二の腕のぷよぷよはこの上腕三頭筋の衰えが大きな原因。しっかりアプローチし、スッキリとした二の腕を目指しましょう。

❶〜❹（1セット）を2回

❸

カウント❶のポーズに戻す

❹

腕を背中の方に
グッと引く

両腕を体の後ろに
引き下げるのと同時に、
左の太ももを上げる

両腕を一気に体の背中の方に引き下げるのと同時に、左の太ももを体の前に腰の高さまで持ち上げる。

RYO'S ADVICE

腕を体の前に下ろしたのでは効果激減

腕はしっかり体の後ろに引き下げましょう。肘で背中を後ろに引っ張るくらいの気持ちで体の後ろにもっていきましょう。

Action 6 全身体操【パターンA】解説

腕の引き寄せ運動で、腰まわりのハミ肉解消

足を肩幅に開き、両腕をピンと前に伸ばす

足を肩幅に開き、「前へならえ」の要領で、肩の高さで腕を体の前に伸ばす。

腰の位置で両肘を後ろに引きながら、右足を上げる

両肘を腰の位置で背中の方にグッと引き寄せながら、右の太ももを腰の高さまで上げる。

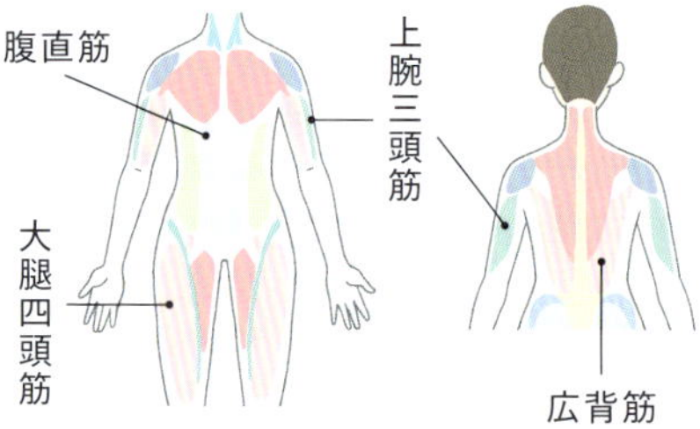

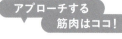

アプローチする筋肉はココ!

腕と足の動きの連動で、広背筋や上腕三頭筋にアプローチ。肘をグッと後ろに引くことで、広背筋もしっかりストレッチしていきます。太ももを上げるときに息を吐くことで、腹直筋にも刺激を与え、腰まわりの脂肪を刺激します。

❶〜❹（1セット）を2回

❸

カウント❶のポーズに戻す

❹

腰の位置で両肘を後ろに引きながら、左足を上げる

両肘を腰の位置で背中の方にグッと引き寄せながら、左の太ももを腰の高さまで上げる。

RYO'S ADVICE

肩を上げて引かないこと

肩を上げて手を引くと、肘の引き寄せが甘くなり、広背筋や腹直筋にしっかりアプローチできません。腕を引くときは、脇を締め、肘から背中の方に引っ張るようにしましょう。

広背筋を刺激し、背中の脂肪を燃焼させる

1

足を肩幅に開き、両腕を体の前に伸ばす

足を肩幅に開き、両腕を肩の高さで「前へならえ」の要領で腕を体の前に伸ばす。

2

両腕を開き、右足を上げる

肩甲骨を寄せながら、両腕を開く。それと同時に右太ももを腰の高さまで上げる。

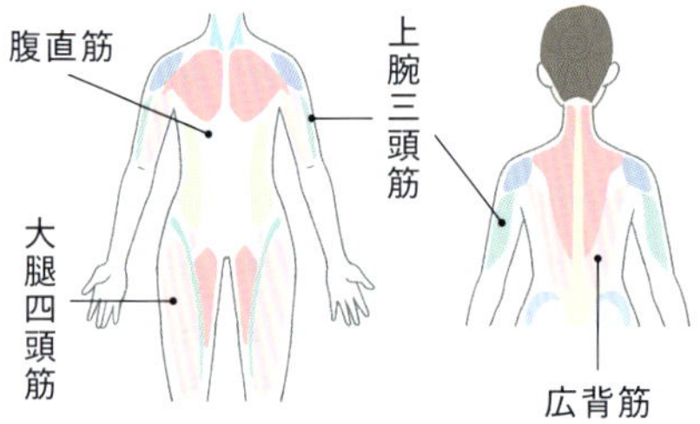

アプローチする筋肉はココ！

肩甲骨を寄せることで広背筋を刺激します。肩の位置で腕を上げたまま閉じたり開いたりする動きで上腕三頭筋をストレッチ。上半身の動きに合わせて、下半身のもも上げステップをすることで、大腿四頭筋と腹直筋にアプローチします。

❶〜❹（1セット）を2回

❸

肘を伸ばす

カウント❶のポーズに戻す

❹

**両腕を開き、
左足を上げる**

肩甲骨を寄せながら両腕を開くのと同時に、左太ももを腰の高さまで上げる。

RYO'S ADVICE

腕の下げすぎに注意

腕が下がりすぎてしまうと、肩甲骨を寄せることができず、広背筋にアプローチできなくなるので注意しましょう。

○

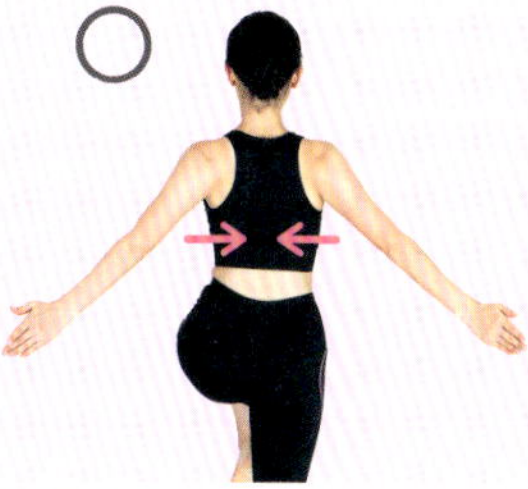

×

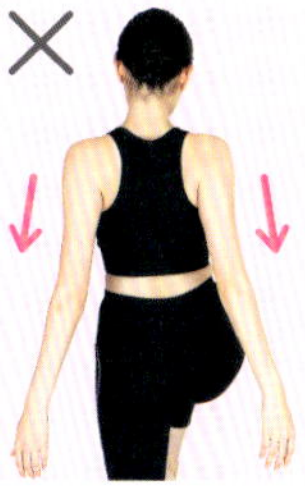

三角筋にアプローチし 肩まわりスッキリ、二の腕やせ

足を開いて、肘を上げる

足を肩幅くらいに開き、両手は軽く握って腕を曲げ、肘を肩より上に上げる。

両腕を上げるのと同時に右太ももを上げる

手は軽く握ったまま、天井方向に向け腕を伸ばす。同時に右太ももを腰の高さまで持ち上げる。

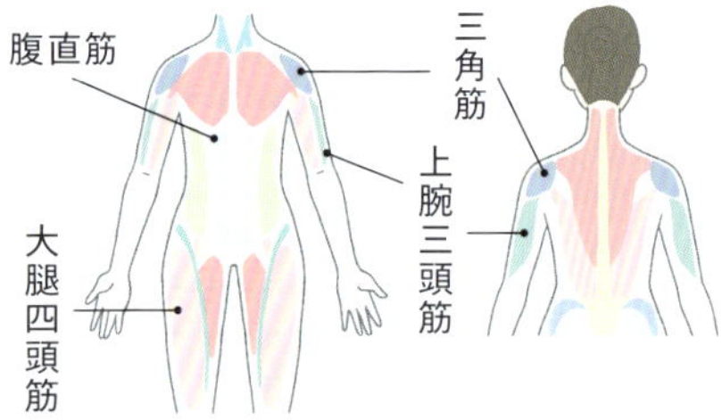

アプローチする筋肉はココ!

腕を上げたまま、肘を支点に上に向けて曲げ伸ばし運動をすることで、日常生活では使用されにくい上腕三頭筋にアプローチし、二の腕のたるみを解消。三角筋を刺激し、肩まわりをスッキリさせます。もも上げステップをすることで大腿四頭筋を刺激します。

❶～❹（1セット）を2回

カウント❶のポーズに戻す

**両腕を上げるのと同時に
左太ももを上げる**

手は軽く握ったまま、天井方向に向けて腕を伸ばす。同時に左太ももを腰の高さまで持ち上げる。

RYO'S ADVICE

腕は斜め前に上げないこと

両手の拳を天井の方に上げるのでなく、斜め前に持っていったのでは、上腕三頭筋がしっかりストレッチできないので気をつけましょう。

この動きのあとから、曲の後半になります。

左右の筋肉を伸ばし体のバランスを整える

【パターンA】から【パターンB】へと切り替わる前のチェンジポイント。「1、2」の2テンポで動きます。

1

手は軽く握る
肘を下に引き腰の位置まで下げる
肘を伸ばす

左腕と右太ももを同時に上げる

手を軽く握り、左手の拳を天井に向けて持ち上げるのと同時に右太ももを腰の高さまで上げる。

アプローチする筋肉はココ!

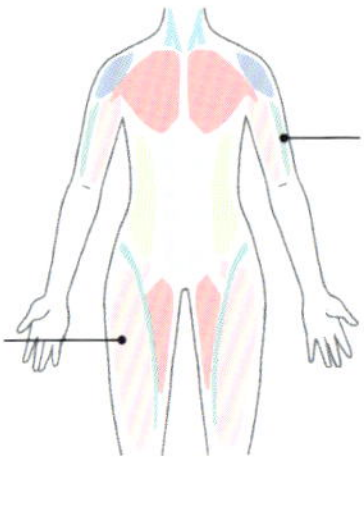
上腕三頭筋
大腿四頭筋

左右違うサイドの腕と足を上げることで、上半身と下半身の筋肉バランスを整えます。上腕三頭筋を刺激することで、気になる二の腕を引き締めていきます。同時に、大腿四頭筋にアプローチし基礎代謝をUPさせ、後半のパフォーマンスを向上させましょう。

2

**右腕と左太ももを
同時に上げる**

左右の足の動きを入れ替える感じで、右手の拳を天井方向に持ち上げるのと同時に左太ももを腰の高さまで上げる。

注意Point!

**腕と足で同じサイドを
上げないよう注意!**

はじめのうちは右腕右足と同じサイドを一緒に上げてしまいがちなので気をつけましょう。

Action 1 全身体操【パターンB】解説

サイドステップ+片腕上げで、上半身の筋肉バランスを整える

足を肩幅に開き、両手を上げる

足を肩幅くらいに開き、手のひらを正面に向け、両腕を天井方面に上げてバンザイのポーズをとる。

左にサイドステップしながら、左肘を下に引く

右足のつま先を左足に寄せ、サイドステップをするのと同時に、右手は上げたまま、左肘を左腰の位置まで引き寄せる。

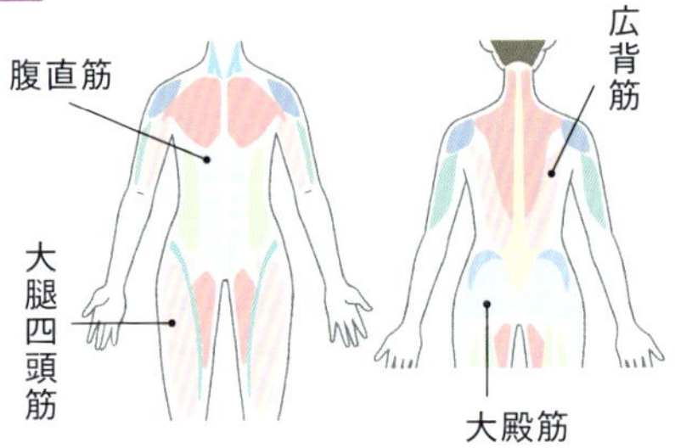

アプローチする筋肉はココ!

大殿筋はお尻の中でもっとも大きな筋肉で、骨盤の後ろから太ももの外側にかけて伸びています。日常生活でストレッチすることが少ない部位なので、サイドステップで鍛えましょう。さらに、上半身の動きで広背筋と腹直筋にアプローチし、背中のハミ肉を解消していきます。

❶〜❹（1セット）を2回

右にサイドステップしながら、右肘を下に引く

左足のつま先を右足に寄せ、サイドステップをするのと同時に、左手は上げたまま、右肘を右腰の位置まで引き寄せる。

右足を元の位置に戻し、カウント❶のポーズに戻す

RYO'S ADVICE

肘を体の後ろに引かないこと

両手を斜め前に上げないよう注意しましょう。また、肘を引くときは、脇を締めるイメージで、体の横に引き寄せるのがポイント。体の後ろに引いてしまうとうまく広背筋にアプローチできないので気をつけましょう。

Action 2　全身体操【パターンB】解説

両腕を交互に上下させ背中＋二の腕にアプローチ

足を肩幅くらいに開き、両腕を上げる

足を肩幅くらいに開き、手のひらを正面に向けて、両腕を天井方面に上げ、バンザイのポーズをとる。

左にサイドステップしながら左手だけを下げる

右足のつま先を左足に寄せ、サイドステップをするのと同時に、右腕は上げたまま、左腕だけ、体の横に下ろす。

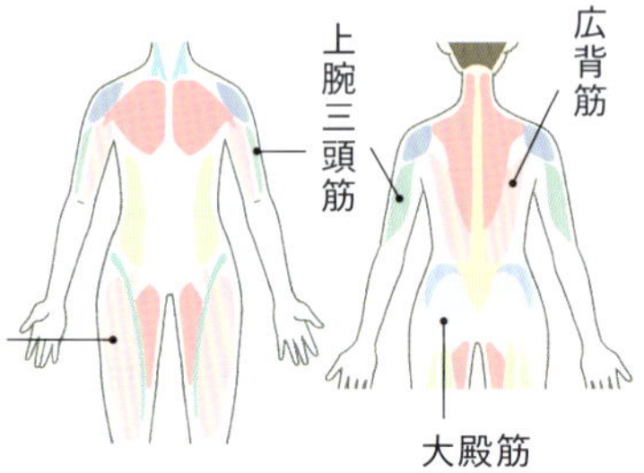

アプローチする筋肉はココ！

天井方向に上げる腕を左右入れ替えながら腕を体の横で上下させることで上腕三頭筋にアプローチし、二の腕を引き締め、肩まわりをスッキリさせます。大殿筋を鍛えるサイドステップと組み合わせることで、広背筋と大腿四頭筋を刺激し、太もも＋背中の脂肪を燃焼させます。

❶〜❹（1セット）を2回

右足を元の位置に戻し、
カウント❶のポーズに戻す

右にサイドステップしながら、
右腕を下げる

左足のつま先を右足に寄せ、サイドステップをするのと同時に、腕は左右を入れ替える感じで、左腕を上げて、右腕を体の横に真っすぐ下ろす。

RYO'S ADVICE

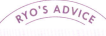

腕を体の後ろに
もっていかないよう注意

下ろす方の腕を体の後ろにもっていってしまうと、広背筋にしっかりアプローチできなくなってしまいます。体の横に真っすぐ下ろしましょう。

腹直筋を刺激して ぽっこりお腹を解消

1

足を肩幅くらいに開き、両腕を体の前に伸ばす

足を肩幅くらいに開き、「前へならえ」の要領で、両腕を肩の高さで体の前に伸ばす。

2

肘を引くとき手を軽く握る

左にサイドステップしながら、左肘をグッと引き寄せる

右足のつま先を左足に寄せる感じでサイドステップを踏みながら、右腕は上げたまま、左肘を背中の方にグッと引き寄せる。このとき、脇をしっかり締めるのがポイント。

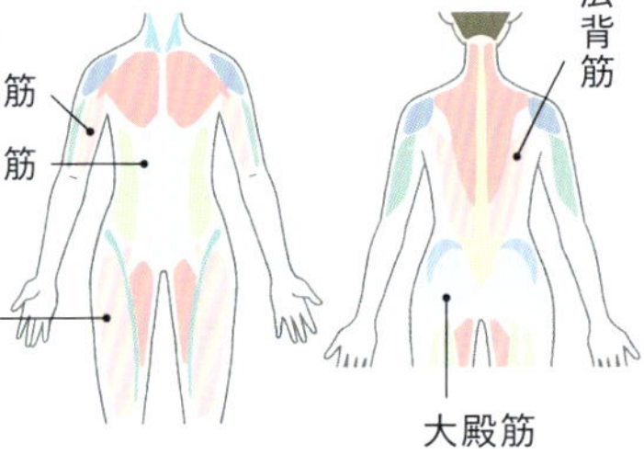

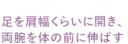

アプローチする筋肉はココ!

体の前に上げていた腕を体に引き寄せる動きによって、上腕二頭筋を引き締めます。左右片方ずつ行うことで、腹直筋に左右から交互にアプローチし、ぽっこりお腹を解消していきます。また肘をグッと背中の方に引き寄せることで広背筋にアプローチし、背中の脂肪も燃焼していきます。

❶～❹（1セット）を2回

❸

お腹に力を入れる

右足を元の位置に戻し、カウント❶のポーズに戻す

❹

脇を締める感じでグッと引き寄せる

右にサイドステップしながら、右肘をグッと引き寄せる

左足のつま先を右足に寄せる感じでサイドステップを踏みながら、左腕は上げたまま、右肘を背中の方にグッと引き寄せる。

RYO'S ADVICE

肘を引き寄せるとき、脇を開かないこと

肘を背中の方に引き寄せるときは、脇をしっかり締めるのがポイント。脇が開いた状態で、肘ではなく手を引いてしまうと、腹直筋だけでなく、広背筋にもアプローチできなくなってしまいます。

NG!

広背筋にアプローチし、背中全体の脂肪を燃焼

足を肩幅に開き、両腕を体の前に伸ばす

足を肩幅に開き、両腕を「前へならえ」の要領で肩の高さで体の前に伸ばす。

2
腕は伸ばしたままにする
肩甲骨を背骨に寄せる感覚で腕を開く

左にサイドステップしながら、左腕を背中の方にもっていく

右足のつま先を左足に引き寄せる要領でサイドステップを踏みながら、腕の高さはキープしたまま、左腕全体を背中の方にもっていく。

アプローチする筋肉はココ！

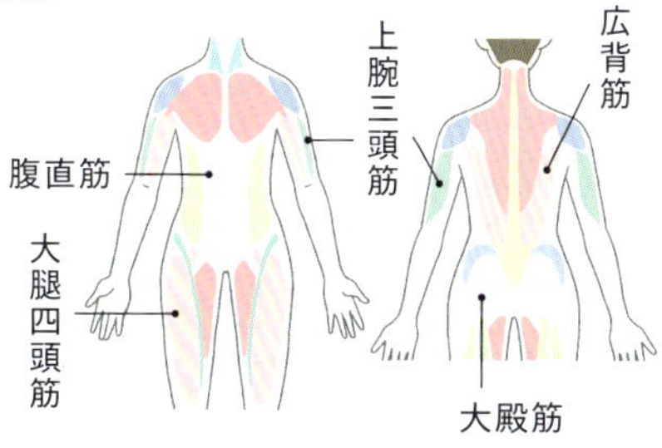

左右片方ずつ腕全体を背中の方にもっていくことで、左右の筋肉バランスを整えながら、広背筋にアプローチ。背中全体の脂肪を刺激していきます。また腕を肩の位置に上げたまま後方に動かすことで、上腕三頭筋をストレッチし、二の腕を引き締めます。

❶～❹（1セット）を2回

❸

右足を元の位置に戻し、カウント❶のポーズに戻す

❹

肩を支点に
腕全体を動かす

右にサイドステップしながら、右腕を背中の方にもっていく

左足のつま先を右足に引き寄せる要領でサイドステップを踏みながら、腕を肩の高さに上げたまま、右腕全体を背中の方にもっていく。

RYO'S ADVICE

腕を下げないよう気をつけよう！

腕を背中の方にもっていくときは肩を支点に腕全体を動かすのがポイント。手で背中の方にもっていこうとすると腕が下がりやすくなり、広背筋にアプローチできなくなってしまうので注意しましょう。

Action 5 全身体操【パターンB】解説

体を前に倒す動きで腹直筋にアプローチ

1
腕はピンと伸ばしておく
2
息を吸いながら頭の上で左右の手のひらを合わせる
息を吐きながら前に倒す
指先を正面に向けるイメージで

1 足を肩幅に開き、頭の上で両手を軽く重ねる

足を肩幅に開き、腕を伸ばした状態で天井の方に上げ、頭の上で両手を軽く重ねる。

2 左にサイドステップしながら、上半身を前に傾ける

腕の状態はキープしたまま、右足のつま先を左足に寄せサイドステップしながら、おへそから上半身を前に倒していく。

アプローチする筋肉はココ!

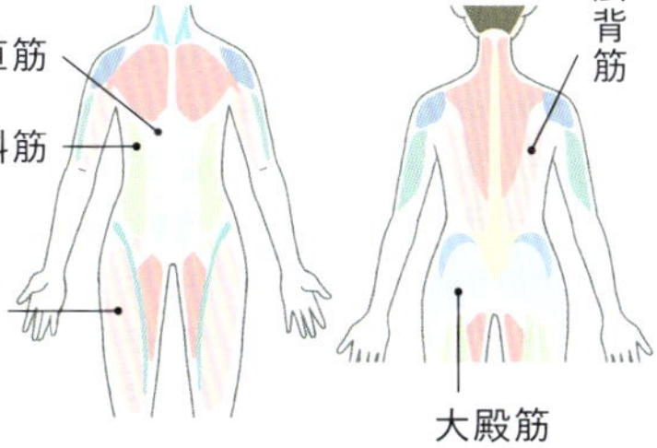

おへそを支点に息を吐きながら上半身を前に倒していくことで、腹直筋にアプローチし、ぽっこりお腹を解消していきます。また、腕を上げ、頭の上で軽く手を重ねながらサイドステップすることで腹斜筋をストレッチ。腰まわりの余分な脂肪を刺激していきます。

❶～❹（1セット）を2回

3

右足を元の位置に戻し、カウント❶のポーズに戻す

4

おへそを支点に上半身全体で前に倒すようにする

右にサイドステップしながら、上半身を前に傾ける

腕の状態はキープしたまま、左足のつま先を右足に寄せサイドステップを踏みながら、おへそから上半身を前に倒していく。

RYO'S ADVICE

腕だけ前に倒さないこと

この体操でありがちなNGが、腕だけ前に倒してしまうこと。これでは背中が丸まり、腹直筋にしっかりアプローチできなくなってしまいます。背中はピンと伸ばし、上半身全体を前に倒すようにしましょう。

○

×

上半身のひねり運動で、腰まわりの脂肪を燃焼

1 軽く握った手を肩の位置にセット

足を肩幅に開き、両手を軽く握り、肩の位置にセットする。

2 左にサイドステップし、上半身を左にひねる

右足のつま先を左足に引き寄せサイドステップを踏むのと同時に、両手を肩の位置にセットしたまま、右の肩を左足の位置までもってくる感覚で、上半身を左にひねる。

アプローチする筋肉はココ!

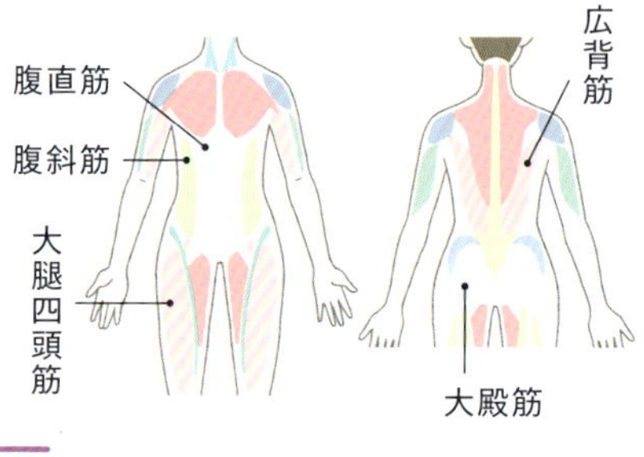

サイドステップしながら上半身をしっかりひねることで、腹直筋と腹斜筋をしっかりストレッチし、腰まわりの脂肪を燃焼。両手をキープしながら、肩を左右に移動させることで広背筋にもアプローチしていきます。

❶～❹（1セット）を2回

3

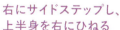

右足を元の位置に戻し、カウント❶のポーズに戻す

4

右にサイドステップし、上半身を右にひねる

左足のつま先を右足に引き寄せサイドステップを踏むのと同時に、両手を肩の位置にセットしたまま、左の肩を右足の位置までもってくる感覚で、上半身を右にひねる。

RYO'S ADVICE

腕だけ左右に動かさないよう注意

上半身をひねるときは、ステップする足の逆側の肩を後ろに引くのがポイント。こうすることで腰からしっかりひねることができます。逆に腕だけで動かしたのでは、上半身のひねりが甘くなってしまうので気をつけましょう。

体を横に倒して、腰まわりと背中をスッキリさせる

足を肩幅に開き、頭の上で両手を軽く重ねる

足を肩幅に開き、腕を伸ばした状態で天井の方に上げ、頭の上で両手を軽く重ねる。

腕を上げたまま、左にサイドステップしながら体を左サイドに倒す

腕はカウント❶のままにし、右足のつま先を左足に引き寄せサイドステップを踏むのと同時に、体を左サイドに倒していく。手の先を体の左横にもっていくようにするのがポイント。

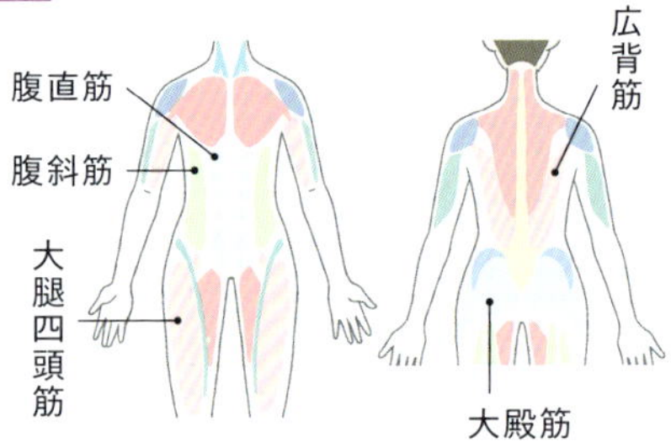

アプローチする筋肉はココ！

体をサイドに倒すことで腹斜筋と腹直筋をストレッチ。腰まわりの余分な脂肪を燃焼させていきます。さらに、広背筋にもしっかりアプローチすることができるので、脂肪を燃焼させてスッキリ引き締まった背中が目指せます。

❶～❹（1セット）を2回

③

右足を元の位置に戻し、
カウント❶のポーズに戻す

④

腕を上げたまま、
右にサイドステップしながら
体を右サイドに倒す

腕は上げたまま、左足のつま先を右足に引き寄せサイドステップを踏むのと同時に、体を右サイドに倒していく。

RYO'S ADVICE

体を斜め前に倒さないようにしよう

体を横に倒すときは、指先を意識し、上半身をしっかり体の横に倒すようにしましょう。NG写真のように斜め前に倒したのでは腹斜筋にちゃんとアプローチできないので注意しましょう。

NG!

Action 8　全身体操【パターンB】解説

全身をクロスさせ、ヒップアップ＋二の腕スッキリ

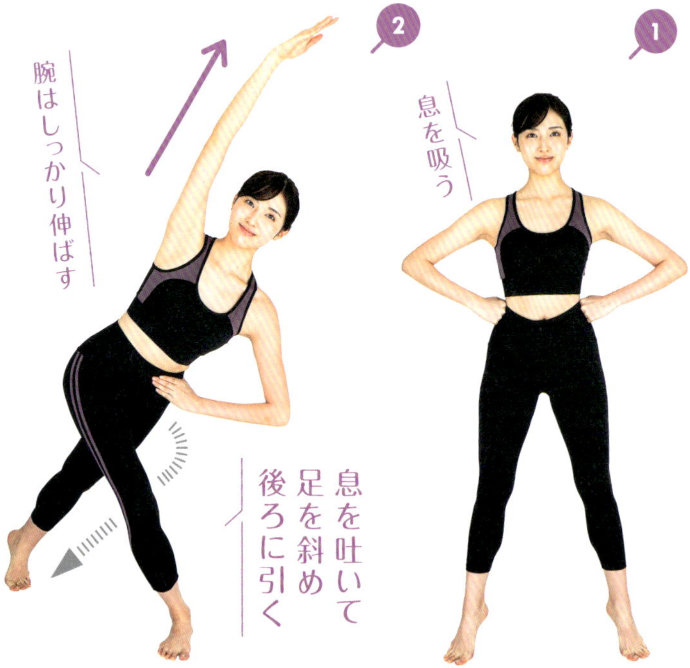

1 足を肩幅くらいに開き、両手を腰に置く

足を肩幅くらいに開き、両手を腰の位置に置く。

2 左足を斜め後ろに引き、右腕を斜め上に上げる

左足を右足の後ろにもっていき、右のお尻の後ろまでグッと引く。それと同時に、上半身の傾きに合わせて右腕を伸ばし斜め上に上げる。

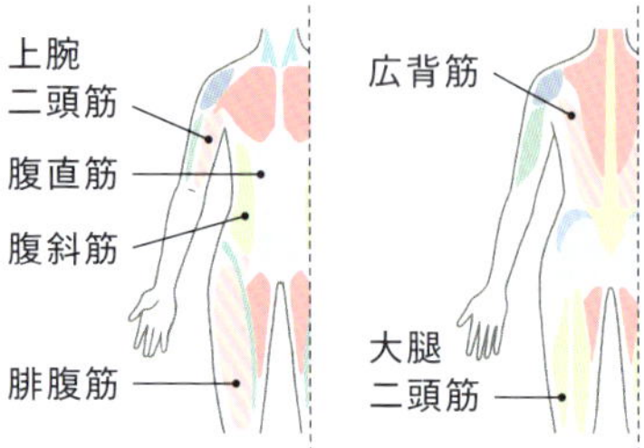

アプローチする筋肉はココ!

太ももの裏側にあるハムストリングの中で外側に位置している大腿二頭筋は主に膝関節を曲げたり伸ばしたりする働きをしています。この部分にアプローチすることで、基礎代謝がアップし脂肪の燃焼効率が向上します。またヒップアップにも効果を発揮します。

❶〜❹（1セット）を2回

3

左足を元の位置に戻し、
カウント❶のポーズに戻す

4

右足を斜め後ろに引き、
左腕を斜め上に上げる

右足を左足の後ろにもっていき、左のお尻の後ろまでグッと引く。それと同時に、上半身の傾きに合わせて左腕を伸ばし斜め上に上げる。

RYO'S ADVICE

体を前に倒さないようにすること

足のステップを意識しすぎると、上半身の動きが雑になりやすいので注意しましょう。特にこのActionでは腕をしっかり斜め上に上げることが重要です。上半身ごと前方に傾けないよう気をつけましょう。

深呼吸で自律神経を整える

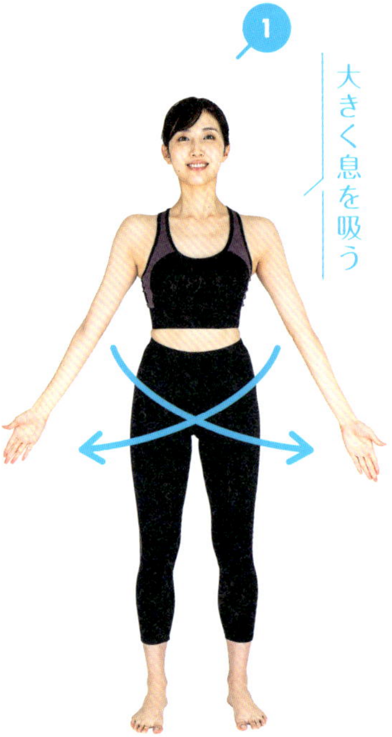

足を肩幅に開き、両腕を開き大きく息を吸う

足を肩幅に開き、両腕を肘を伸ばして、斜め下方向にもっていき、胸を張りながら大きく息を吸う。

体の前で両腕をクロスさせ、頭の上まで上げる

ゆっくり息を吐きながら、体の前で両腕をクロスさせ、腕を頭の上までもっていく。

▶ 深呼吸は運動に欠かせない儀式

深呼吸をすると、新鮮な酸素が脳に送られ、血流が改善され、新陳代謝がアップします。また、副交感神経が優位になるため、気分もリラックスし、自律神経のバランスを整える効果があると言われています。

激しい運動で呼吸が乱れたときや、運動を開始する前などにも深呼吸をすることで、体全体のリズムを整えることができます。

深呼吸は焦らず、大きく吸ってゆっくり吐くことを意識しましょう。

3

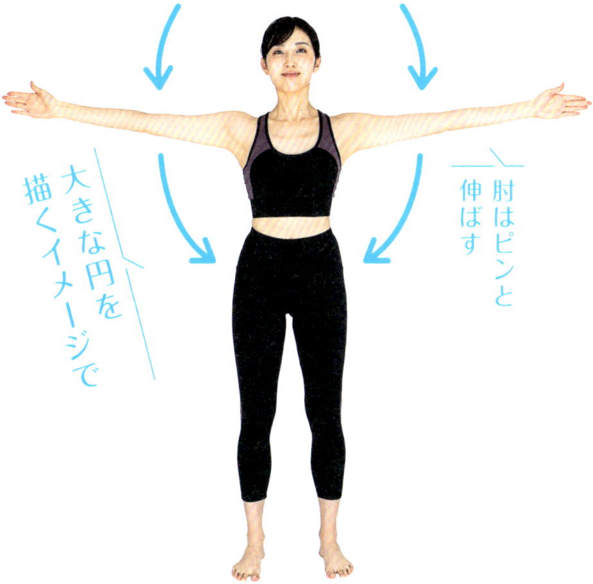

腕を左右に下ろしていく

カウト❷で腕を上に上げたら大きく息を吸い、カウト❸でゆっくり息を吐きながら、頭の上まで持ち上げた両腕を下ろしていく。

4

両手を胸の前にもってきてポーズ

深呼吸が終わったら、肘を曲げ、両手を胸の位置にもってきて「グッド」のポーズ。

Point!

どの体操でも
曲の最後は必ず
大きく深呼吸をしましょう。

教えて「ゆるダン体操」Q&A

Q.1 「ゆるダン体操」の「ゆるダン」ってどんな意味ですか？

A.1 ゆるい動きのダンスという意味です。動きは簡単なのですが、しっかりストレッチできる動きになっています。

「ゆるダン体操」の「ゆるダン」は「ゆるい動きのダンス」を短縮したものです。「ダンス」というと「難しそう」「ハードな動きになるのでは？」というイメージが浮かぶかもしれませんが、そういった不安を払拭。誰でもマスターできる簡単な動きを組み合わせたのが「ゆるダン体操」です。ダンス要素を優先し、「動きが複雑で難しい」「ハードすぎてキツくて辛い」というのでは、踊るのが面倒になり、続かなくなってしまいます。これでは意味がありません。大切なのは「楽しそう」「これならできそう」と感じてもらえること。さらにしっかり筋肉にアプローチしていければ「ゆるダン体操」を習慣化することが可能になります。

Q.2 動きは完全にマスターした方がいいですか？

A.2 最初のうちは、動きはちゃんとできなくてもOKです！

「ゆるダン体操」のひとつひとつの動きはどれも簡単なものばかりですが、いざ、曲に合わせてとなると曲のリズムについていけないなど、手本動画のように踊れないこともあると思います。ですが、その部分は気にしないで大丈夫です。最初のうちは、なんとなくのマネでいいので1曲分、体を動かすことからはじめましょう。ミスしてもOKです。徐々に動きをマスターして楽しく踊れるようにしていきましょう。

Q.3 「ゆるダン体操」の1日3回の各体操の組み合わせはどうするのがベストですか？

A.3 基本の全身体操を1回、あとの2回は曲の後半を目的別で組み合わせるのがおすすめ。

全身体操は体全体の筋肉を刺激するだけでなく、体の筋肉バランスも整えるので、1日1回は行うようにしましょう。あとの2回は曲の後半を「お腹」「背中」「太もも」「ヒップアップ」と目的別の体操に組み替えるのがおすすめ。ただし、これが正解ということではなく、3回とも全身体操を行うのでも、もちろんOKです。

QRコードで
全体の動きを
動画でCHECK

PART

2

気になる部位別体操

体のひねりを使って お腹・背中やせ

ダイエットを目指す人の中でダントツに多い悩みが「ぽっこりお腹」。これは、姿勢の悪さや、内臓を支えるインナーマッスルの減少が大きな原因。また、背中についたぜい肉は太った印象を与えるだけでなく、おばさん体型に見られやすいので注意が必要です。

「お腹・背中やせ」の部位別体操では、体のひねりを使って、腰まわりの脂肪を燃焼。さらに、背中の筋肉にアプローチして姿勢を整えていきます。

Belly & Back

曲の後半

気になる部位別体操
お腹 背中やせ

一連の動きをCHECK!

曲の前半は全身体操の【パターンA】を行い、曲の後半から体のひねりなどを活用した部位別体操をスタートします。最後は必ず深呼吸をしましょう。

Action 1

P.072

Action 3

P.076

Action 2

P.074

Action 4

P.078

Action 5

P.080

Action 6

P.082

Action 7

P.084

Action 8

P.086

次のページから、各Actionの細かな動きやポイントを解説していきます。

Action 1

お腹・背中やせ

体をひねりながら、膝を使った上下運動で、腰まわりの脂肪を燃焼させていく

1

足を肩幅に開き、手を肩の高さにセット

足を肩幅に開き、手を軽く握る。脇を締め、肘を曲げ、握った手を肩の高さにセットする。

2

上体をひねりながら、膝を曲げて体を下げていく

カウント❶でセットした手の位置をキープしたまま、肩を「左→右→左」の順で左右に振る。上半身の動きに合わせ、「左→右→左」に体重移動させながら、膝を徐々に曲げ、しゃがみながら体全体を下げていく。

5

6

体をひねりながら
膝を徐々に伸ばし
体を起こしていく

体をひねりながら、膝を徐々に伸ばし、体を起こす

カウント❹で体全体を下げたら、そこから体を「右→左→右→正面」の順でひねりながら、膝を徐々に伸ばし、体全体を起こしていく。

3

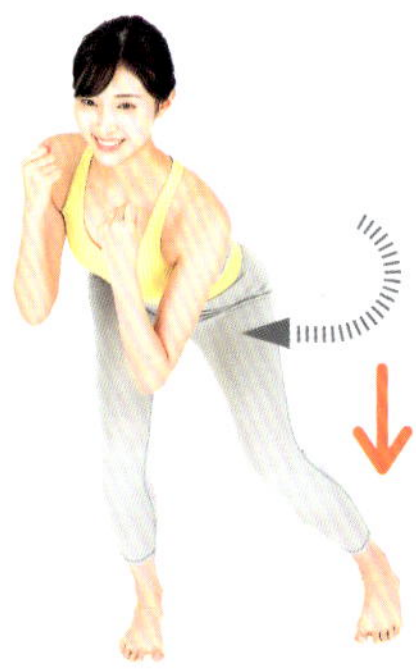

4

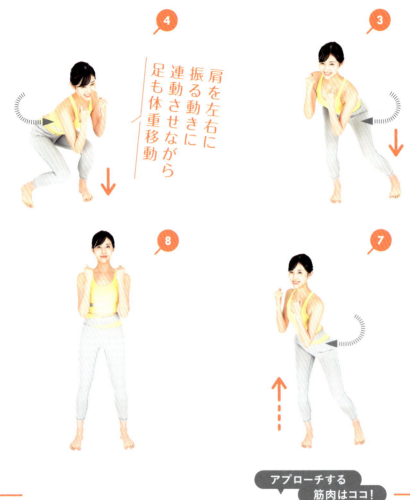

肩を左右に振る動きに連動させながら足も体重移動

7

8

アプローチする筋肉はココ！

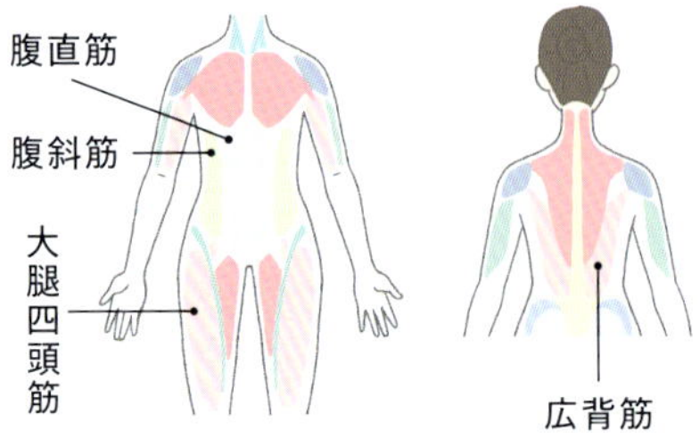

ぽっこりお腹は内臓脂肪の蓄積だけでなく、インナーマッスルが衰え緩むことで、正しい位置を保持できなくなり内臓が下がることから、お腹が出てしまうことになるのです。まずは、体のひねりを使って腹直筋、腹斜筋を鍛えお腹を引き締めましょう。

腕とお尻の動きを連動させ、腰まわりと背中の脂肪を刺激

1

腕とお尻の動きを合わせる

右腕はピンと伸ばし体のサイドに下げておく

お尻を左横に突き出す

左足に重心を寄せる

お尻を左に振るのと同時に、右腕を上げる

足を肩幅に開き、膝は伸ばしたまま左サイドに体重を乗せ、お尻を体の左側に突き出す。お尻の動きに合わせて、右腕をピンと伸ばし、上に上げる。

アプローチする筋肉はココ！

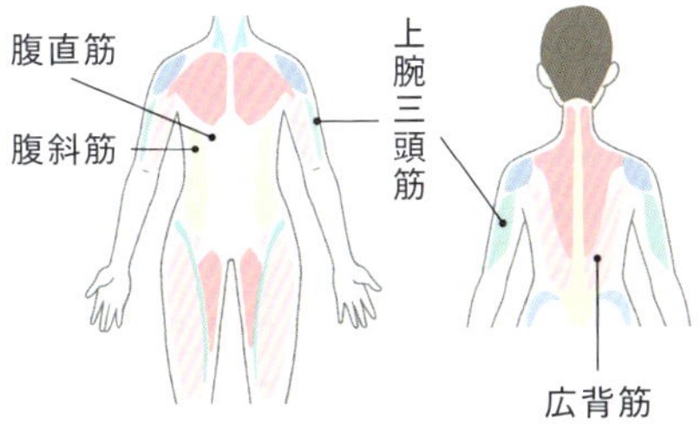

お尻を左右に振る感じで体の重心を左右に移動することで、腹斜筋を刺激。左右の手を交互に上下に動かす体操で腹斜筋と広背筋にアプローチし、腰まわりと背中の脂肪を燃焼していきます。腕を伸ばして上に上げることで上腕三頭筋をストレッチし、二の腕を引き締めます。

❶・❷（1セット）を4回

腕とお尻の動きを左右入れ替える

左足に乗せていた体重を右足に移動させ、お尻を右横に突き出す。お尻の動きと合わせて、腕も左右入れ替え、左腕をピンと伸ばし、上に上げる。

2
肩甲骨から腕を動かす
左右の腕を上下入れ替える感覚で左腕を上げる
お尻を右サイドに突き出す
右足に重心を寄せる

お尻を左右に振り、腕を左右交互に振り上げる

お尻を左右にフリフリさせるイメージで動かす。

RYO'S ADVICE

腕だけを動かさないこと

この体操の一番のポイントは手とお尻の動きを連動させること。左右への重心移動をしないで腕だけ動かしたのでは、腹斜筋をストレッチすることができません。

NG!

1

反対側の手足を伸ばし、ヒップアップ

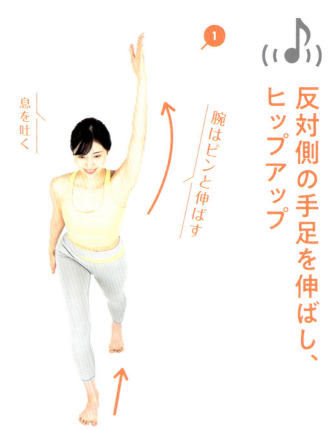

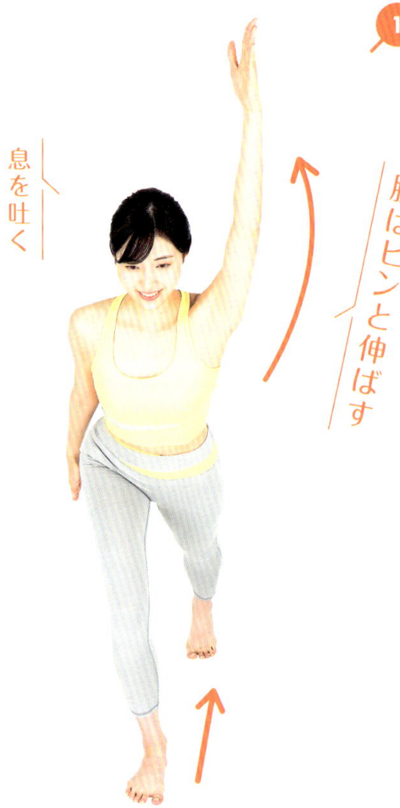

左足を引いて、左腕を上げる

右足の膝を体の前で軽く曲げ、左足を体の後ろにグッと引く。足の動きと同時に、耳の横で左腕を真っすぐ、指先を天井に向けるイメージで上げる。

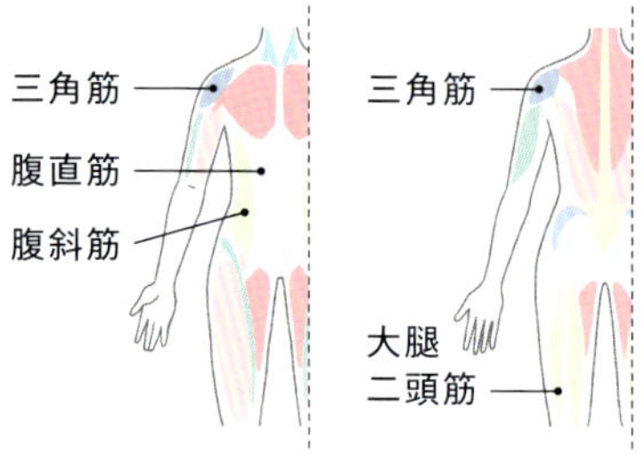

アプローチする筋肉はココ!

足を後ろに引くことで普段あまり鍛えることができない、大腿二頭筋をストレッチ。足と同時に腕を上げることで、腹直筋と腹斜筋にアプローチ。ぽっこりお腹を解消します。肩甲骨から腕を動かすことで、三角筋を刺激し、肩まわりをスッキリさせるだけでなく、肩こりも改善していきます。

❶・❷（1セット）を3回

右足を引いて、右腕を上げる

左足の膝を体の前で軽く曲げるくらい、右足を体の後ろにグッと引く。足の動きと同時に、耳の横で右腕を真っすぐ、指先を天井に向けるイメージで上げる。

RYO'S ADVICE

腕は斜め前に上げないよう注意

手足同時に少しテンポの速い動きになるため、ありがちなのが、腕を斜め前に上げてしまうこと。これでは三角筋への刺激が減少してしまいます。腕を耳に付ける感覚で真っすぐ上に上げましょう。

Action 4

お腹・背中やせ

上半身を横に倒し、ぽっこりお腹を改善し、くびれをつくる

足を肩幅に開き、両手を頭の後ろにセット

足を肩幅に開き、両手の手のひらを後頭部にセットし、肘が耳の横にくるように両腕を開く。

上半身を左に倒す

足は動かさず、腰は固定して、左肘を左足のくるぶしの方に引っ張るイメージで、上体を左横に傾ける。

アプローチする筋肉はココ！

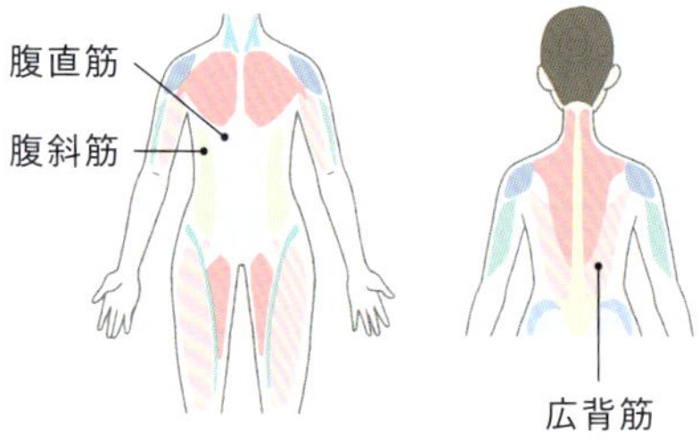

ぽっこりお腹を改善し、くびれをつくるのに効果的な腹直筋と腹斜筋にアプローチ。お腹に力を入れ、深く呼吸をしながら体操しましょう。両手を後頭部にもっていき、肘を上げることで、体のサイドをしっかりストレッチ。体を引き締め、くびれをつくっていきます。

❶～❹（1セット）を2回

3

カウント❶のポーズに戻す

4

上半身を右に倒す

足はそのままにして、上半身を右に傾ける。このとき、体を斜め前に倒したり、頭だけ右に傾けたりしないよう注意。

RYO'S ADVICE

腰は固定して動かさないこと

このActionでは、下半身は動かさず固定しておくことがポイントになります。上体を傾けるのではなく、腰をサイドに引いてしまうと、腹斜筋だけでなく、腹直筋にもアプローチできなくなってしまいます。

Action 5

お腹・背中やせ

上半身のひねりで、お腹まわりと背中のハミ肉を改善

足を肩幅に開き、両手を頭の後ろにセット

足を肩幅に開き、両手の手のひらを後頭部にセットし、肘が耳の横にくるように両腕を開く。

上半身を左にひねる

足は動かさず、肘を上げたままの状態で、左肘を背中の方にもっていくイメージで、上半身を左にひねる。

アプローチする筋肉はココ!

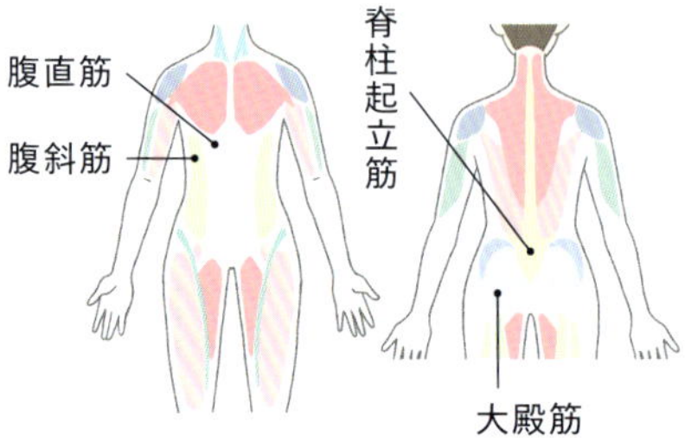

上半身を左右にひねることで、腹直筋と腹斜筋を刺激し、お腹まわりの余分な脂肪を刺激。また、同時に腰から首にかけて背骨付近にある脊柱起立筋（せきちゅうきりつきん）にもアプローチ。姿勢の保持を担うこの筋肉をストレッチして、猫背やぽっこりお腹を改善します。

❶～❹（1セット）を2回

3

カウント❶のポーズに戻す

4

上半身を右にひねる

足は動かさず、肘を上げたままの状態で、右肘を背中の方にもっていくイメージで、上半身を右にひねる。

RYO'S ADVICE

肘を前方に向けない

カウント❶❸のポーズの段階で肘が顔と同じ正面を向かないようにしましょう。肘が前方を向いたままでは、上半身のひねりが甘くなり、腹直筋や脊柱起立筋まで刺激することができなくなってしまいます。

手と足で違うサイドを動かし、お腹と肩まわりを引き締める

足を肩幅に開き、手を肩の位置にセット

足を肩幅に開き、手を軽く握る。腕を体の前に出し、肘を曲げて握った手が肩の位置にくるようセットする。

左腕を前に出し、右足を上げる

ストレートパンチをする要領で左腕を体の前に真っすぐ伸ばす。腕と同時に右足の太ももを体の前、腰の高さまで上げる。

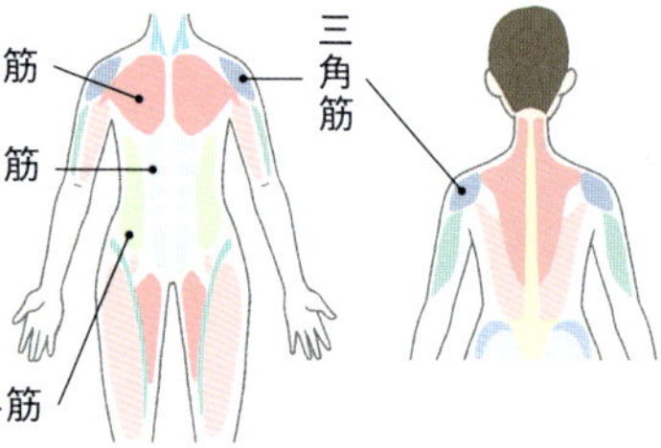

アプローチする筋肉はココ！

腕と足で左右逆側を動かすことで、上半身にねじれが生じ、腹直筋と腹斜筋をストレッチ。片腕ずつを前に伸ばすことで、大胸筋（だいきょうきん）と三角筋を刺激し、背中から肩にかけての脂肪の燃焼効果を上げていきます。

❶〜❹（1セット）を2回

3

カウント❶のポーズに戻す

4

軸がブレないよう注意

右腕を前に出し、左足を上げる

右腕を体の前に真っすぐ伸ばしながら、左足の太ももを体の前で腰の高さまで上げる。

RYO'S ADVICE

体の軸は真っすぐ保とう

片足を上げるとき、体の軸がブレて、上半身が斜めにならないよう注意しましょう。腕を伸ばす方の肩を下げてしまうと、体の軸がブレやすくなるので気をつけましょう。

NG!

手と足を引き寄せ ぽっこりお腹解消

1
息を吸いながら
腕はピンと伸ばす
手は軽く
組む
2
息を吐いて
グッと引き寄せる

1 体を右斜め横にし、両手を組んだ腕を上げる

右足のつま先を右側に向け、体の正面を斜め右側に向ける。両手を軽く組み、腕を伸ばして頭の上に上げる。

2 手と左足を体にグッと引き寄せる

上に上げた手を左腰までグッと引き寄せる。同時に左の太ももを上げ、右腰に引き寄せる。

アプローチする筋肉はココ！

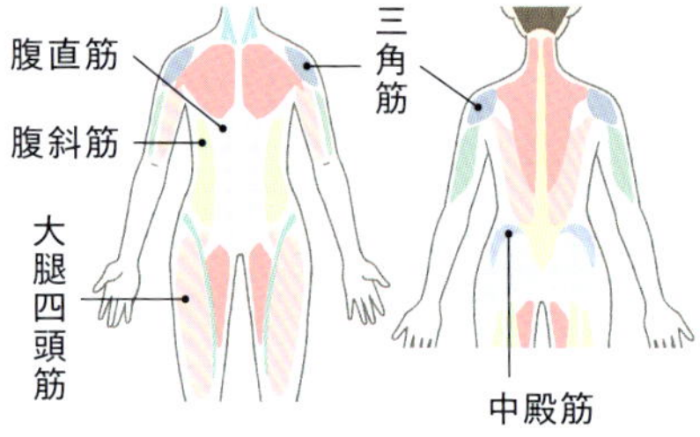
腹直筋
腹斜筋
大腿四頭筋
三角筋
中殿筋

腕と足を体に引き寄せることで体のひねりを使い、腹直筋と腹斜筋を刺激。ぽっこりお腹と腰まわりの余分な肉をスッキリさせます。また、腕の動きで三角筋をストレッチし、背中の脂肪を燃焼しやすくします。足をクロスに上げ、中殿筋と大腿四頭筋にもアプローチします。

❶～❹（1セット）を2回

❸ 体を左斜め横にし、両手を組んだ腕を上げる

左足のつま先を左側に向け、体正面を斜め左側に向ける。両手を軽く組み、腕を伸ばして頭の上に上げる。

❹ 手と右足を体にグッと引き寄せる

上に上げた手を右腰までグッと引き寄せるのと同時に、右の太ももを上げ、左腰に引き寄せる。

RYO'S ADVICE

手はお尻の方に下げない

この体操は手と足を体の内側にグッと引き寄せることがポイントになります。手を腰ではなく、お尻の方に下げてしまうと体のひねりが甘くなり、効果が減少してしまいます。

腰を回して、お腹まわりのハミ肉をスッキリ解消

Start

足を肩幅に開いて腕を上げ、スタンバイ

足を肩幅に開き、両手を軽く握り、腕をピンと伸ばし、天井の方に上げる。ここを起点にフラフープをするときの要領で、腰を左右に回していく。

1 腕を上げたまま、腰を前に出す

5 腕を上げたまま、腰を前に出す

お腹を突き出すようにする

アプローチする筋肉はココ！

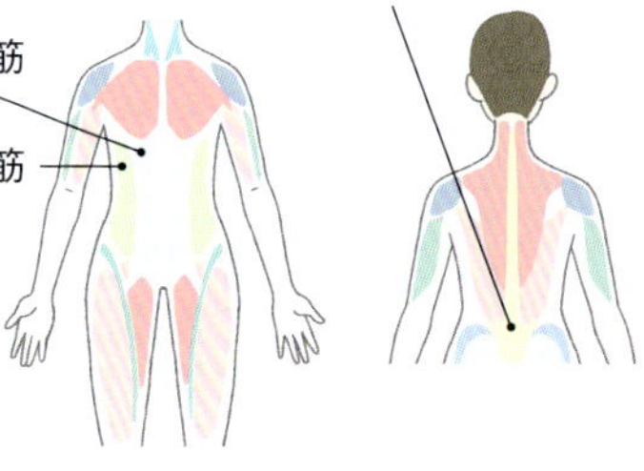

腰まわりの筋肉にアプローチすることで、脂肪を燃焼させるだけでなく、骨盤を動かし、正しい位置に戻していきます。ぽっこりお腹の原因のひとつは姿勢の悪さ。脊柱起立筋も刺激し、姿勢改善を目指します。

2

腕を上げたまま、腰を右にスライド

お尻を右サイドに寄せる感覚で

3

腕を上げたまま、腰を後ろに引く

おへそを引っ込めるイメージ

4

腕を上げたまま腰を右にスライド

お尻を右に寄せる

6

腕を上げたまま、腰を右にスライド

7

腕を上げたまま、腰を後ろに引く

8

腕を上げたまま、腰を左にスライド

最後はStartのポーズに戻る

RYO'S ADVICE

腕を下げないようにしよう

右のNG写真のように両腕が少し下がり、体の斜め前にきてしまうと、体の軸がブレやすくなり、腹直筋や腹斜筋をしっかり鍛えられなくなるので注意しましょう。

NG!

Column

日本人にぽっこりお腹が多いのには理由がある

海外のビーチで水着姿の女性を見ると、ふくよかな体型でも欧米人は胸から腰まわり全体にかけて均等に脂肪や筋肉がついているのに気づくと思います。それに対し、日本人は下腹だけが膨らんでいる「ぽっこりお腹」になりやすい傾向にあります。これは、日本人と欧米人では骨格の違いにより、筋肉のつき方が違うことが大きな要因になっています。

骨盤を横から見たとき、日本人の骨格は前傾タイプで骨盤が後ろに倒れやすく、そのせいで肩が前に出てくるため、自然と猫背になりやすい傾向にあります。そのため、ぽっこりお腹になりやすいのです。それに対し、欧米人は後傾タイプで背骨の弯曲が強く後ろにそり返りやすくなっています。この骨格の違いから筋肉のつき方にも差異があり、日本人は前面の筋肉が発達しやすく、欧米人は背面の筋肉が発達しやすい傾向があります。

また、日常生活で使うことが少ない腹直筋、中殿筋、内転筋(ないてんきん)などの筋肉が衰えやすいのも日本人の特徴。そのため、「ゆるダン体操」では体のひねりや、太ももの内側へのアプローチもしっかり行えるようにしています。

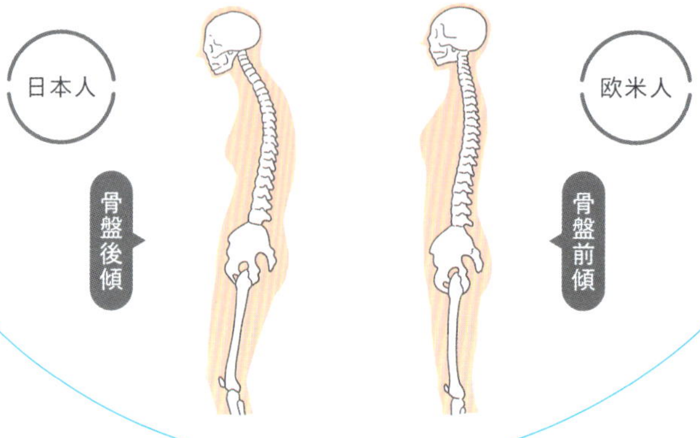

QRコードで
曲全体の動きを
動画でCHECK

PART

3

気になる部位別体操

下半身を刺激して ヒップアップ・太ももやせ

下半身の中でも特に太ももの内側にある内転筋（ないてんきん）は股関節の付け根から太ももから膝にかけての内側にある筋肉。腰や膝を安定させ、足が外側に広がるのを抑えるなど、体幹を安定させるのに重要な役割を担っています。ですが、日常生活ではなかなかアプローチしない場所でもあります。この部分を意識的に鍛えることで、血流やリンパの流れがよくなり、ヒップアップや太ももやせに効果を発揮します。

Hips & Thighs

曲の後半

気になる部位別体操
ヒップアップ太ももやせ

一連の動きをCHECK!

曲の後半から太ももの内側を中心にアプローチしていく部位別体操をスタートしましょう。

Action 1

P.092

Action 2

P.094

Action 3

P.096

Action 4

P.098

1日3回のうち
1～2回、曲の後半を
「気になる
部位別体操」と
組み替えるのが
おすすめです。

Action 5

P.100

Action 6

P.102

Action 7

P.104

最後は必ず深呼吸をして、自律神経のバランスを整えましょう。

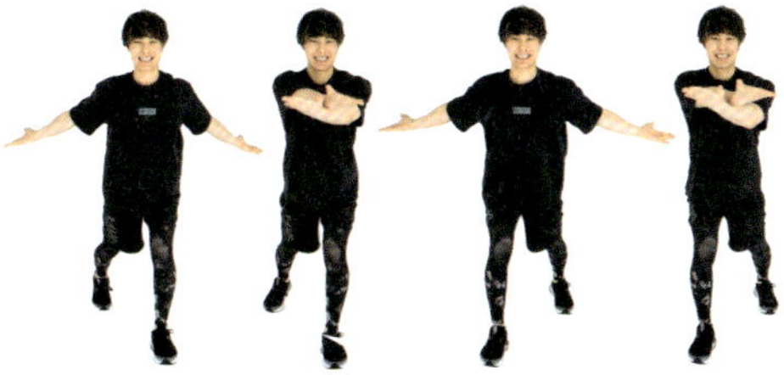

次のページから、各Actionの細かな動きやポイントを解説していきます。

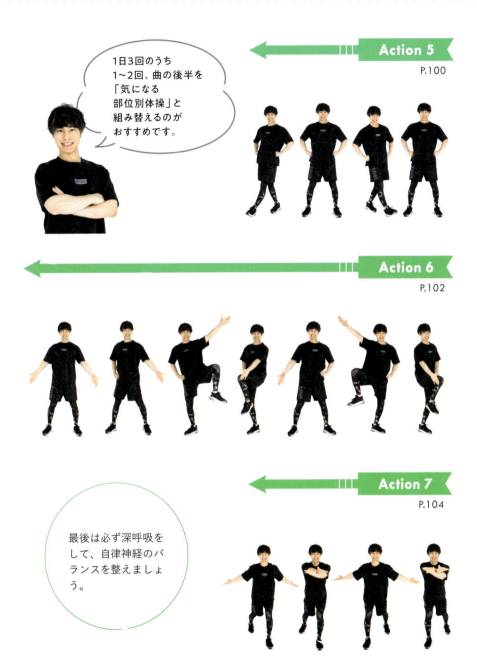

Action 1 ヒップアップ・太ももやせ

かかとタッチ+スクワットで太ももの内側を刺激

1

左手で右足のかかとをタッチ

右足を上げ、かかとを左の膝の位置までもってきて、左の手のひらでタッチする。このとき、背中が丸まらないように注意。

2

膝を曲げて、スクワット

足を肩幅より広めに開き、膝を外側に向け深く曲げてスクワットをする。上半身を腰から下に下げるようにするのがポイント。

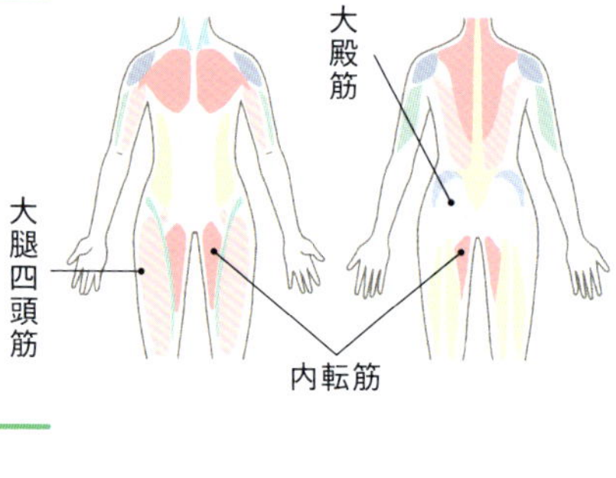

アプローチする筋肉はココ!

下半身太りなどの症状も太ももの内側の筋肉の衰えが原因のひとつ。足のかかとタッチとスクワットで内転筋をストレッチしていきましょう。また上半身と下半身をつなぐ大殿筋にもアプローチすることでヒップアップも目指していきます。

❶～❹（1セット）を2回

❸

タッチ

右手で左足のかかとをタッチ

左足を上げ、かかとを右の膝の位置までもってくるのと同時に右の手のひらでタッチする。

❹

上半身の軸をキープ
腰から下げるのがポイント

カウント❷の要領でスクワット

RYO'S ADVICE

膝を内側に向けない

膝を内側に入れてしまうと、内転筋にしっかりアプローチできません。スクワットをするときは膝を外側に向けることを意識しましょう。

NG!

Action 2 ヒップアップ・太ももやせ

背中で足をタッチしヒップアップ

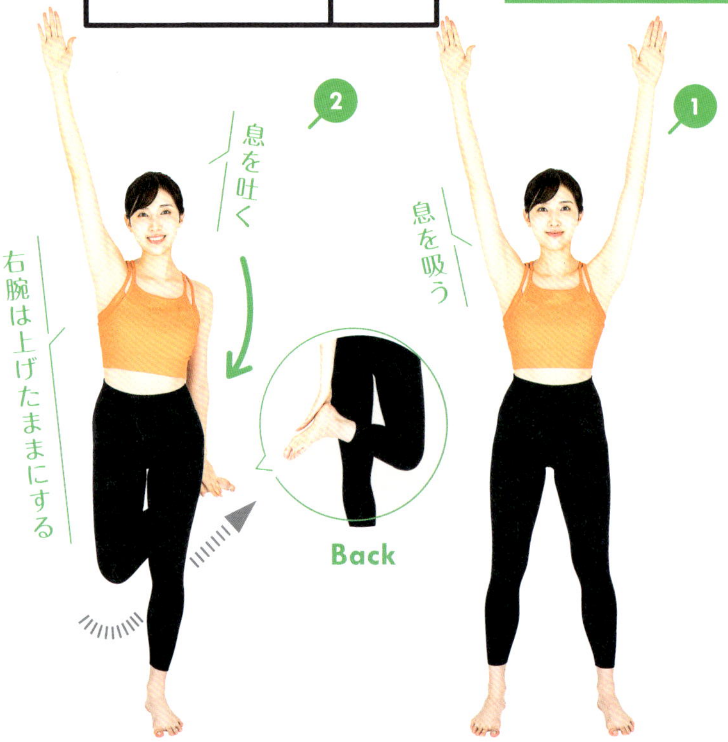

① 両手を上げてバンザイのポーズ

足を肩幅に開き、両手の指先を天井に向けて腕を上げ、大きくバンザイのポーズをとる。

② 右足のかかとを左手でタッチ

膝を曲げ、右足のかかとを左のお尻の位置にもっていく。同時に左手を下げ、体の後ろで右のかかとにタッチする。

アプローチする筋肉はココ!

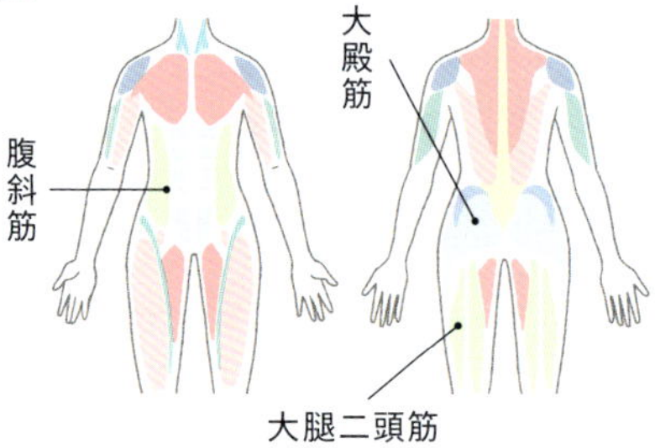

ハムストリングの中でも外側についている大腿二頭筋。この部分を鍛えることで、新陳代謝が向上。お尻を外側から支える力がアップし、ヒップアップへと導いてくれます。また体の後ろで足を手でタッチする動きで体のひねりを使うため、腰まわりの脂肪も燃焼しやすくなります。

❶～❹（1セット）を2回

カウント❶のポーズに戻す

左足のかかとを右手でタッチ

膝を曲げ、左足のかかとを右のお尻の位置にもっていく。同時に右手を下げ、体の後ろで左のかかとにタッチする。

RYO'S ADVICE

上半身を横に傾けないよう注意

足を手でタッチするとき、肩を下げ、体を横に傾けてしまうと体の軸がブレてしまうので気をつけましょう。

Action 3 ヒップアップ・太ももやせ

肘の引き寄せ＋かかと上げで、太ももを引き締める

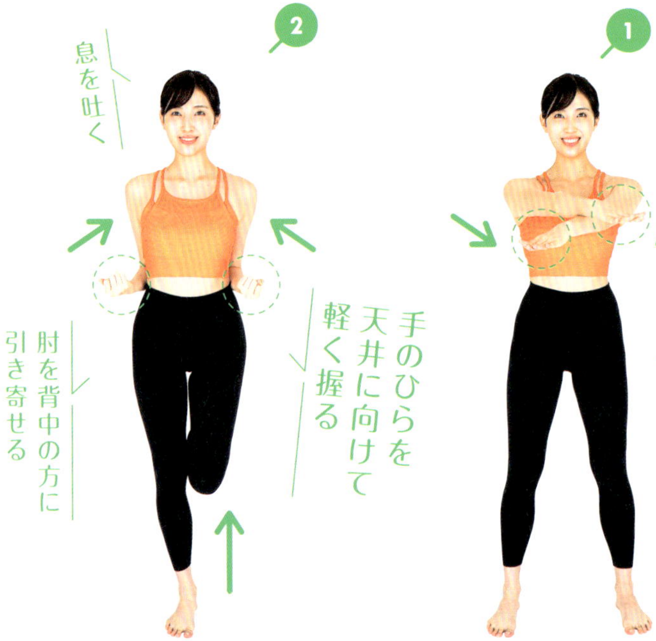

腕を体の前でクロスさせる

足を肩幅に開き、腕を伸ばし体の正面で肩の高さまで上げ、肘を伸ばしたままクロスさせる。このとき手のひらは床の方に向けておく。手をクロスするときは左右どちらが上でもOK。

肘を引き寄せ、左足のかかとを体の後ろに上げる

腕のクロスをほどき、腰の高さで両肘を背中の方にグッと引き寄せる。肘を引き寄せるときに手のひらを上に向けてから、軽く握る。手の動きと同時に左足の膝を曲げ、かかとを体の後ろ、膝の高さまで上げる。

アプローチする筋肉はココ！

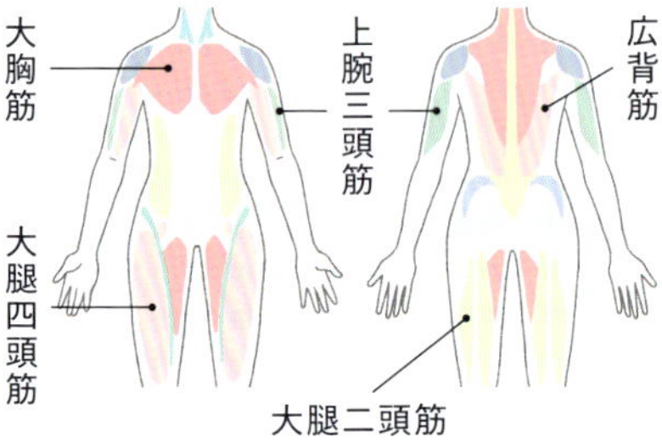

背中で両肩を寄せるイメージで肘を引くことで広背筋を刺激し背中の脂肪を燃焼しやすくします。同時に胸を前に張ることになり、大胸筋も強化。足の動きで大腿二頭筋にアプローチし太ももを引き締めます。

❶〜❹（1セット）を2回

❸

カウント❶のポーズに戻す

❹

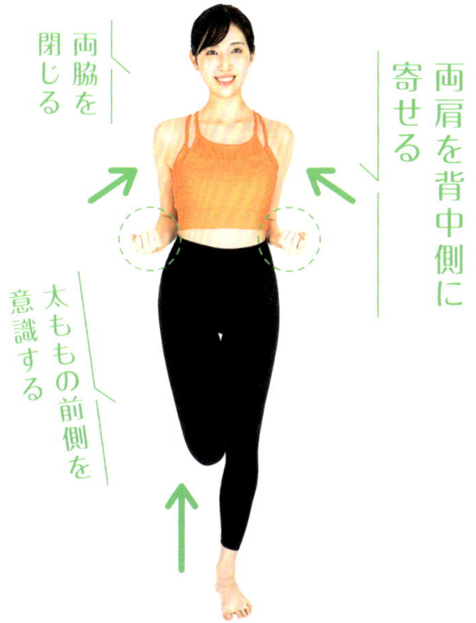

両肩を背中側に寄せる
両脇を閉じる
太ももの前側を意識する

肘を引き寄せ、右足のかかとを体の後ろに上げる

両肘を腰の高さで背中の方にグッと引き寄せる。同時に左足のかかとを体の後ろ、膝の高さまで上げる。

RYO'S ADVICE

肘を引くときに背中を丸めない

肘を引くとき背中を丸めてしまうと広背筋だけでなく、大腿二頭筋へのアプローチも甘くなってしまいます。少し胸を前に突き出す感覚で肘を引きましょう。

Action 4

ヒップアップ・太ももやせ

足を横に振り、ヒップアップ＋太ももを引き締める

1 あごの前で手をそろえる

足は肩幅に開き、両手を軽く握りあごの前で両手の小指をくっつける。

2 右足を横に振る

手をあごの前にセットしたままの状態で、両足を伸ばしたまま、右足を床から離し、右横に振る（上げる）。

アプローチする筋肉はココ！

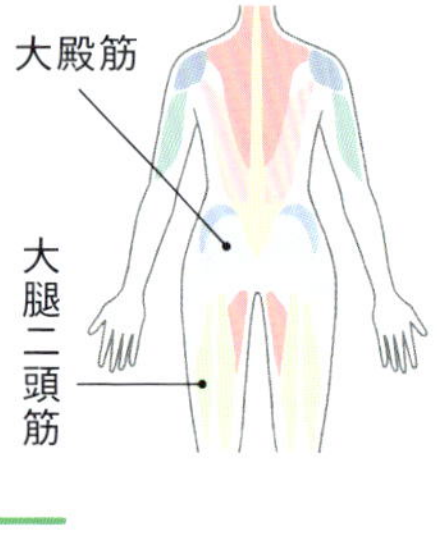

足を伸ばした状態で横に振ることで、大殿筋にアプローチしていきます。お尻は人間の体の中でも皮下脂肪がつきやすい部位。しかも、皮下脂肪は落ちにくい性質があるため、皮下脂肪の増えたお尻は垂れやすくなります。皮下脂肪を増やさないために、足の横振り運動でしっかりストレッチしていきましょう。また、膝を伸ばした状態で足を横に振ることで、ハムストリングの外側にある大腿二頭筋を刺激し、太ももを引き締めます。

❶〜❹（1セット）を2回

❸

カウント❶のポーズに戻す

❹

左足を左横に振る
足を横にぶらんとさせる感覚で振る

左足を横に振る

右足を元の位置に戻すと同時に、両足を伸ばしたまま、左足を床から離し、左横に振る（上げる）。

RYO'S ADVICE

足をしっかり横に上げよう

このActionでは、足をちゃんと横に上げることが重要です。NG写真のように斜め前に上げてしまうと、大殿筋をしっかり刺激できません。

○
×

足をクロスして太ももの内側を引き締める

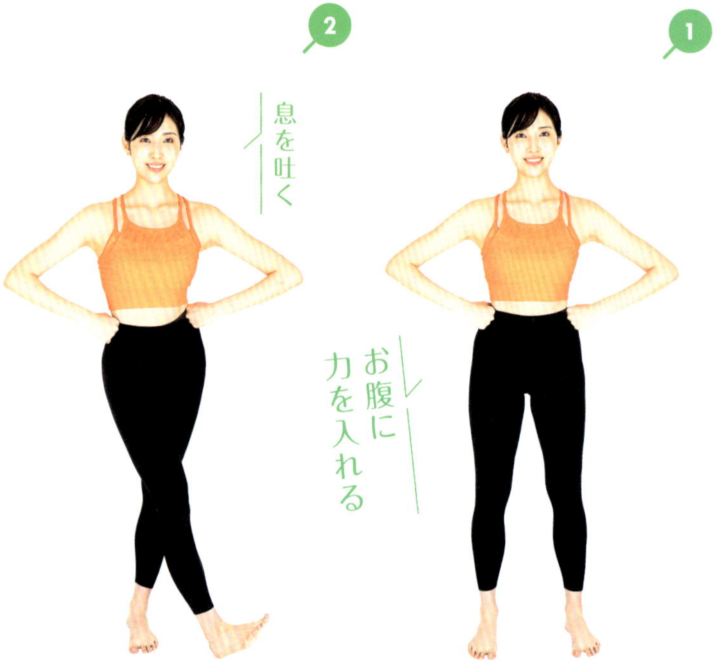

足を開き、手を腰にあてる

足を肩幅に開き、両手を腰にあてる。

右足をクロスさせ、かかとを床にタッチ

上半身はカウント❶のまま、右足を伸ばしたまま、体の前でクロスさせ、右足のかかとを左肩の前までもっていき、床にタッチする。

アプローチする筋肉はココ!

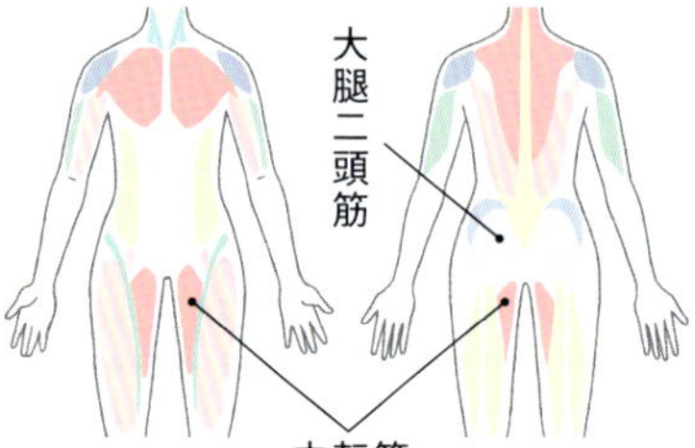

ダイエットをしても太ももがなかなか細くならないという人は、内転筋が衰え硬くなっていることが大きな原因になっています。太ももやせを目指すなら内転筋をストレッチしていきましょう。内転筋を鍛えることで、血流が改善されリンパの流れもよくなり、スッキリ引き締まった太ももになっていきます。

❶〜❹（1セット）を2回

3

カウント❶のポーズに戻す

4

太ももの内側を意識する

左足をクロスさせ、
かかとを床にタッチ

上半身はカウント❶のまま、左足を伸ばしたまま、体の前でクロスさせ、左足のかかとを右肩の前までもっていき、床にタッチする。

RYO'S ADVICE

足はしっかりクロスさせよう

ダンス後半で疲れてくると、ひとつひとつの動作が雑になりがちですが、油断は禁物。足はしっかりクロスさせましょう。NG写真のように足を体の正面にもってくるだけでは、内転筋を刺激できないので要注意。

NG!

Action 6　ヒップアップ・太ももやせ

体の内→外に円を描き、筋肉のバランスを整える

体の内→外へと**左回り**で円を描く

腕と一緒に右足を体の左側にもっていく

右足のかかとを左膝までもってくる。右膝を左腰にもっていき、体の内→外に円を描く。腕は伸ばし、足の動きに連動させる。

上半身は真っすぐ

肩甲骨から腕を動かす

体の内→外へと**右回り**で円を描く

左足を体の右サイドにもっていく

腕と足を連動させ、左膝が体の外側に向くよう、左足を体の右側までもってくる。

アプローチする筋肉はココ！

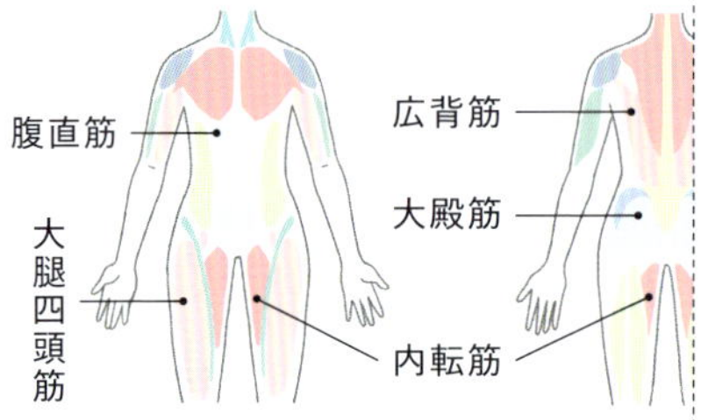

腕と足を連動させ、大きな円を描くことで、内転筋や大腿四頭筋だけでなく、大殿筋、腹直筋、広背筋にもアプローチし、体全体の筋肉バランスを整えます。また、足で円を描く際に、太ももを上げた状態で体の横にもっていくことで太ももの内側を鍛えるため、太ももやせが目指せます。

❶〜❽（1セット）を2回

3　2

腕は伸ばしたままにする

足から動かす

腕と連動させ、
足で体の内→外へと
右回りで円を描く

4

7　6

腕と連動させ、
足で体の内→外へと
左回りで円を描く

8

RYO'S ADVICE

腕と一緒に体を傾けない

体は真っすぐ正面に向けたまま、軸がブレないようにしましょう。腕と一緒に体を傾けてしまうと体のバランスが崩れてしまいます。

NG!

Action 7 ヒップアップ・太ももやせ

足を後ろに引き、腕を広げて太もも＋お尻にアプローチ

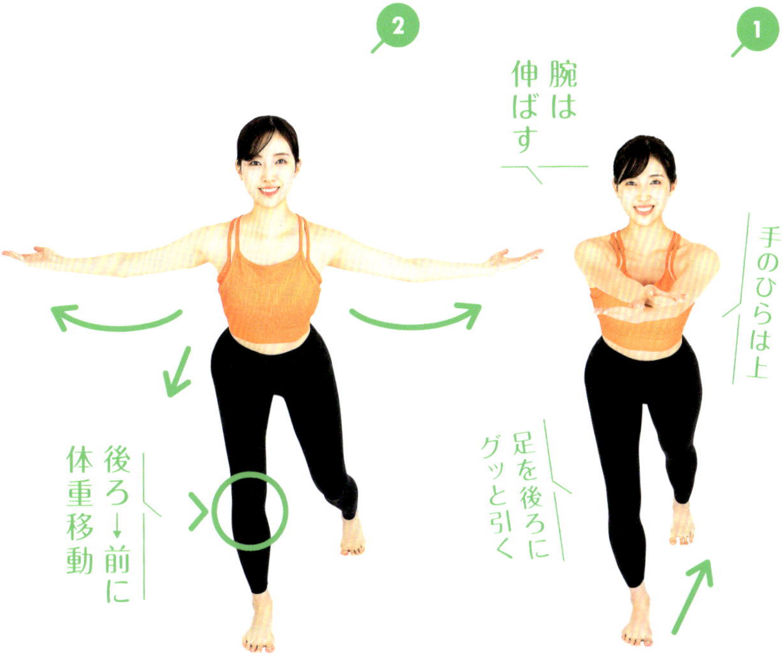

❶ 左足を引いて、体の前で腕をクロス

左足を伸ばしたまま体の後ろにグッと引く。同時に、腕を伸ばし肩の位置まで上げたら手のひらを上に向け、両腕を体の前でクロスさせる。

❷ 後ろ→前に体重移動し、腕を広げる

体の後ろ→前へと体重移動しながら右足の膝を軽く曲げる。同時に、腕を体の正面から肩へと半円を描くように平行移動させ、横に広げる。

アプローチする筋肉はココ！

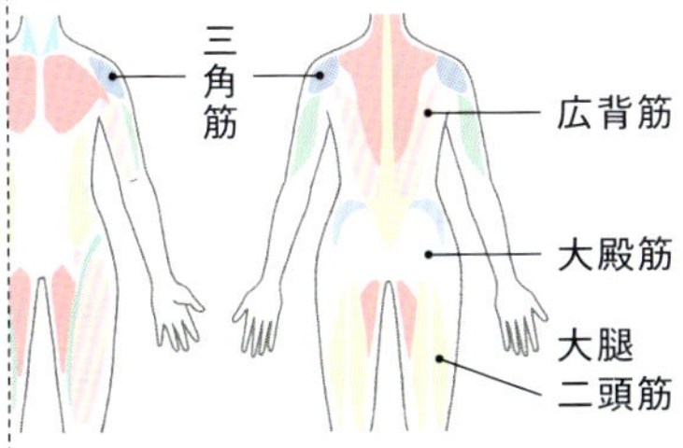

足を後ろに引き、後ろ→前に体重移動させることで、大腿二頭筋と大殿筋を刺激し、ヒップアップと太ももの内側の引き締めができます。また足の動きに合わせて腕を開くことで、広背筋と三角筋を刺激し、背中と二の腕を引き締めます。

❶～❹（1セット）を2回

❸

手をクロスするときは左右どちらの手が上でもOK！

右足を引いて、体の前で腕をクロス

左足を前に出し、右足を伸ばしたまま体の後ろにグッと引く。同時に、腕を伸ばし肩の位置まで上げたら手のひらを上に向け、体の前で両腕をクロスさせる。

❹

後ろ→前に体重移動し、腕を広げる

体の後ろ→前へと体重移動しながら左足の膝を軽く曲げ。同時に、腕を体の正面から肩へと半円を描くように平行移動させ、横に広げる。

RYO'S ADVICE

腕を下げないよう注意

後ろ→前への体重移動と同時に、腕を下げてしまうと三角筋と広背筋へのアプローチが甘くなってしまうので気をつけましょう。

僕が笑顔にこだわる理由

――パニック障害の経験から実感した笑顔のパワー

僕はＩｎｓｔａｇｒａｍで笑顔の大切さについてよく語っています。それは僕自身が中学3年生のときにパニック障害になり、素直に笑うことができなくなるという経験をしたからです。

中学でバスケットボール部に入部したものの、その部活でいじめを受けたことが原因でした。子どものころから人あたりがよく、何でもニコニコ引き受けていたのが、部活メンバーからはいつもヘラヘラしていて扱いやすい奴と思われてしまったようで、気づいたときにはかっこうの標的になってしまっていたのです。1年、2年と耐えてきたものが、3年生で部活を引退したとたんに爆発し、摂食障害に陥り、やがて過呼吸でパニック発作を起こすようになり、学校に行けない日々が続いてしまいました。部屋にこもると気持ちはどんどん後ろ向きになり、肌もあれてボロボロの状態になっていきました。

当時の部活の顧問の先生が僕の異変に気づき、学内のいじめをしっかりケアしてくれ、なんとか学校に通えるようにはなったのですが、その後も後遺症は続き、心療内科にも通い、徐々に気持ちが前向きになったとき、同級生から「やっと自然に笑えるようになったね」と言われたのが心に残っています。

それまで、つくり笑いだったのが、前向きになれたことで、自然に笑っているということが友だちにも伝わったことが本当にうれしいと思いました。
こうした経験から、僕はつくりものではない、心からの笑顔の大切さを知り、笑顔になることで気持ちがどんどん前向きになっていくことを実感しました。
また、部活の引退で運動をしなくなり部屋にこもるようになったことも、気持ちをどんどんマイナスの方へと導いていきました。負の感情が心の中の暗闇の部分を餌にして、どんどん膨れ上がっていったのだと思います。その逆もしかりです。つくり笑いではなく、心の底から笑顔になることができれば、プラスの感情が生まれ、今度はこの前向きな部分が糧になり、プラスがどんどん増えていきました。
もしもあなたが落ち込んだり、暗い気分になったりしたら、一歩外に踏み出し、軽く運動をしてみてください。運動をすることで幸せホルモンが分泌され、プラスの感情へと導いてくれます。また、姿勢を正すことで視野が広くなり前向きな思考になるので、ぜひ姿勢も意識してみてください。

僕が「ゆるダン体操」で、「楽しい」「辛くない」ということにこだわっているのも、ダイエット＝キツいというマイナスのイメージを持ってほしくないから。やはり後ろ向きの感情が前に出てしまうと、運動やダイエットは一過性のものになってしまいます。曲を聴くだけで「ワクワクする」「もっとやりたい」というプラスの感情で行えてこそ習慣化していきます。

だから皆さんもぜひ、「ゆるダン体操」を楽しんでください♪

Column

ダイエットはイベントじゃない！
続けてこそ意味がある

ときどき「短期間でやせる方法はありますか？」という質問を受けることがあります。

確かに、徹底的に食事を制限して、ハードなトレーニングをこなせば、短期間でそれなりの成果をあげることはできます。ですが、それは一過性のもの。ハードなダイエットは長くは続かず、また短期間で得た成果はリバウンドで失われやすいというデメリットも含んでいます。

例えば、無理な食事制限で脂肪を減らすことはできますが、それと同時に筋肉も減少していきます。そのため、ダイエット後に食事をすると、スポンジのように栄養を吸収し、瞬く間に元の状態へと戻ってしまうのです。それどころか、筋肉が減少した分、同じ動きをしても脂肪燃焼率が悪くなっているためやせにくく、ダイエット開始前よりも太ってしまったなんてことにも……。これでは、元も子もありません。こうならないためにも、ダイエットをイベントにするのはやめましょう。

大切なのは、習慣にすること。

そのためにも、曲に合わせてダンスする感覚で「ゆるダン体操」にチャレンジしてください。楽しみながら体操していくことで、理想のボディを手に入れましょう！

Dieting is not an event.
What is important is
making a habit.

「ゆるダン体操」と一緒に
食事もおいしく管理していこう

理想のボディを手に入れるには
運動による脂肪燃焼や筋肉の引き締めはもちろん大切ですが、
それと同時に体の内側もケアしていくと効果は倍増します。
とはいえ、キツイ食事制限は長続きしないもの。
食事をおいしく食べながら、
体が喜ぶ方法で栄養管理をしていきましょう。

✕ 朝は忙しいので朝食は抜いています。

○ 午前中の脂肪燃焼には朝ごはんは不可欠。毎朝ちゃんと食べましょう!

何かと忙しい朝はついつい食事を抜いてしまいがちですが、やせやすい体は午前中につくられます。朝、体に栄養素が入っていないと代謝が低下し、脂肪を燃焼する力も失われてしまいます。一日の中で脂肪燃焼時間が減ってしまうなんていうのはもったいないこと。

とはいえ、朝から脂肪分たっぷりの食事を摂取したのでは、エネルギー過多で太りやすくなってしまいます。おすすめはたんぱく質と適度な糖質が摂取できる納豆やバナナ、豆腐といった食材。例えば、バナナのヨーグルトがけなどは、手軽にパパッと食べることができるので最適です。

実は勘違いしていることも! 間違いだらけの食生活を見直そう

✕ ダイエットのため、昼はサラダだけにしています。

○ 野菜だけではエネルギー補給が足りないので、たんぱく質や糖質も摂取しましょう。

カロリーのことを考え、野菜のみのランチにするのは実はNG。野菜だけでは体を動かすエネルギーを十分に摂取することはできません。

食事の栄養はバランスよく摂取することが大切です。野菜だけではなく、鶏胸肉、豚肉、魚介もしっかり摂取していきましょう。ランチなら、食後血糖値の上昇率を示す指標であるGI値が低いパスタやお蕎麦などがおすすめ。ただし、クリーム系やベーコンたっぷりのパスタだと脂質が多くなるので、野菜や魚介を使ったスープパスタにすると、バランスよく栄養素を摂取することができます。

✕ ダイエットのために糖質断ち。白米は食べないようにしています。

○ 極端な糖質制限はやせにくい体になるだけでなく、将来の死亡リスクが高まることも。

糖質の取りすぎは体重増加だけでなく、糖尿病の危険性も高くなるため見直す必要があります。ですが、ダイエットのために過剰な糖質制限をしてしまうのも体に悪影響を及ぼします。まず、必要以上に糖質をカットしてしまうと、一時的に体重が減少するかもしれませんが、脂肪と同時に筋肉も減少し、基礎代謝が低下していきます。そのため、やせにくく太りやすい体になってしまうのです。また、2018年に北アメリカおよびヨーロッパで行われたコホート研究により、極度な糖質制限により死亡リスクが高くなるという結果が発表されています。

野菜も一緒に摂取すればお茶碗1杯の白米を食べるのはまったく問題ありません。過度な糖質制限は低血糖になる恐れもあるので、気をつけましょう。

✕ 空腹はやせるチャンス！睡眠前はお腹を空かせるのが一番。

○ 空腹は睡眠の質を下げ、基礎代謝を下げるので要注意。

寝る前にお腹がグーッと鳴るくらい空腹を感じたらやせるチャンス！　と思っている人もいるのではないでしょうか。確かに空腹になることで血糖値が下がり脂肪が燃焼されます。ですがそれと同時に筋肉も分解されていきます。空腹をガマンすることでやせることができたとしても、それは一時的なもの。空腹状態を長く続けると、脳は命の危険を感じ、消費エネルギーを抑えて体重を維持しようとするため太りやすい体質になってしまいます。

やせやすい体質にしたいなら、むしろ空腹状態は避けるのが正解。小腹が空いたと感じたら、ビタミンEや不飽和脂肪酸が豊富な素焼きのナッツや、たんぱく質が豊富な豆腐などを食べるのがおすすめです。無理せずおいしく食べながらダイエットを楽しみましょう。

おいしくダイエットするための
おすすめレシピ

夜食はもちろんのこと、夜小腹が空いたときにもおすすめのダイエットメニューを紹介。
たんぱく質やビタミン、食物繊維が豊富な食材の組み合わせなので罪悪感もなし。
どれも簡単につくれるものなので、ぜひ試してみてください。

豆腐とかにかま、ニラ炒め

たっぷりたんぱく質にビタミンA・Cもプラスで栄養満点

材料(2人分)

豆腐(絹ごし) …………………… 1丁
かにかまぼこ …………………… 6本
ニラ ……………… 1/2束(50g)
ごま油 ……………………… 大さじ2
オイスターソース ……… 大さじ2
白ごま ………………………… 適量
オリーブオイル ……………… 適量

1. ニラは約5cmの長さに切り、かにかまぼこはほぐしておく。
2. ごま油とオイスターソースをあわせておく。
3. フライパンにオリーブオイルを入れ熱し、ニラとかにかまぼこを入れて炒める。
4. 3に豆腐を加え軽くほぐしたら、2を加え炒める。このとき豆腐をくずしすぎないよう注意する。
5. 4を器に盛り、上から白ごまをふりかける。

ブロッコリーのカレーチーズ焼き

食物繊維、ビタミン、ミネラルが豊富なブロッコリーをおいしくアレンジ

材料（2人分）

ブロッコリー ………………… 150g
スライスチーズ ……………… 2枚
カレー粉 …………………… 大さじ1
オリーブオイル ………… 小さじ1

1. ブロッコリーは小房に分け、600Wの電子レンジで4～5分加熱する。
2. フライパンでオリーブオイルを熱し、弱火でブロッコリーを軽く炒めたら、カレー粉を加え炒める。
3. 2の上にスライスチーズを好みで大きめにちぎってかぶせる。蓋をして軽く蒸し焼きにし、チーズが溶けたら皿に盛る。

鮭ときのこの豆乳スープ

たんぱく質にビタミンB群、DHAが入ったうまみたっぷりスープ

材料（2人分）

甘塩鮭 ……………………… 2切れ
しめじ …………………… 1パック
玉ねぎ ……………………… 1/2個
豆乳（無調整） …………… 300mℓ
バター ……………………… 10g
オリーブオイル …………… 適量
水 …………………………… 180mℓ
味噌 ……………………… 大さじ1
和風顆粒だし …………… 小さじ1

1. 甘塩鮭は1切れずつ3等分に切る。
2. しめじは石づきをとり小房にわける。玉ねぎはくし形の薄切り、またはスライスにする。
3. オリーブオイルとバターをフライパンに入れ、バターが溶けたら、しめじと玉ねぎを加え、軽く炒める。
4. 鍋に水と和風顆粒だしを入れ、3を加えてひと煮立ちさせる。
5. 4に甘塩鮭を加えて、中火で3分ほど煮込む。
6. 中火のまま5に味噌を入れてよく溶かしたら、弱火にし、豆乳を加え沸騰寸前まで温める。

気づいたらやせていた！
「ゆるダン体操」体験者の声

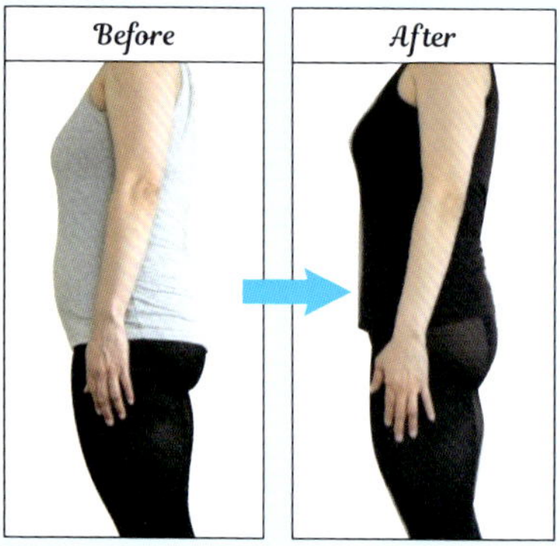

体重
75.7kg→58.3kg　-17.4kg

脂肪燃焼できただけでなく、気持ちまで明るくなりました

―― Yさん 40代女性

ＲＹＯ先生に出会い「ゆるダン体操」をしたことで、人生が大きく変化しました。ノリのいいアップテンポの曲や「大丈夫」「一緒にがんばろう！」と励ましてくれる言葉のおかげで、体重やお腹まわりが減っていっただけでなく、気持ちも前向きになりました。こんなに楽しくダイエットできたのは人生で初めてです。

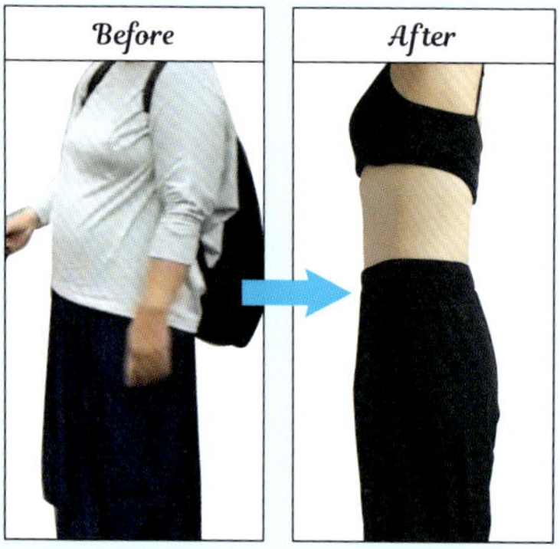

体重
86.7kg→76.3kg　-10.4kg

お腹まわり
92cm→74.3cm　-17.7cm

簡単だから、辛くない。1日に何回でもできちゃう

―― Sさん 30代女性

運動がとにかく苦手だった私でも「ゆるダン体操」は簡単にマスターできました。リズミカルな曲なので、動きのタイミングもつかみやすくて楽しいです。部位別体操のところで、私には少し難しいかもと思った動きも、曲に合わせて動いていくうちにちゃんと踊れるようになり、1日3回だけじゃなく、5回やるときもあるくらいハマってしまいました。

お腹まわり
100cm→82cm -18 cm

ダイエット迷子だった私が今は毎日「ゆるダン体操」をしています

―― ちぐさん 40代女性

面倒くさいことが大嫌いで、今まで何度もダイエットにチャレンジしては3日と続かず、すぐ諦めてしまうダイエット迷子状態だった私ですが、「ゆるダン体操」はワクワクしながらできるので、気がつけばもう半年以上も毎日体操しています。脂肪もどんどん減っていき、これなら理想のボディになれそうです！

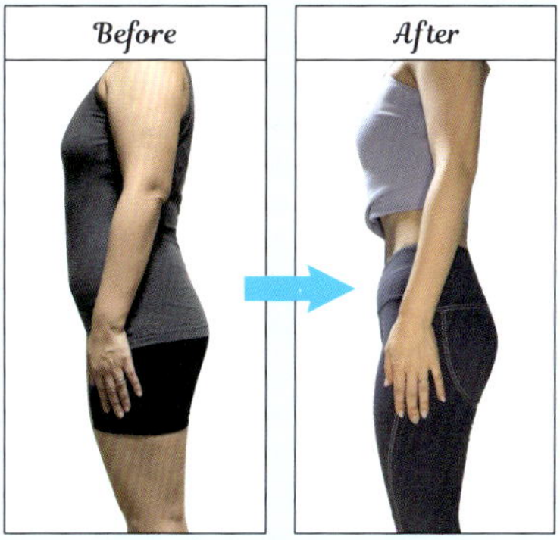

体重
60kg→46.8kg -13.2 kg

曲に合わせて踊る感覚が楽しくて、続けていたらお腹が引き締まりました！

―― Oさん 30代女性

アップテンポな曲に合わせて運動する「ゆるダン体操」は、やっていてとにかく楽しいです。続けていくと、イントロが流れるだけで、自然とリズムをとっている自分がいて、ビックリしました。もっとうまく踊れるようになりたいと思いながら毎日3回踊っていたら、いつの間にかお腹が引き締まっていました。

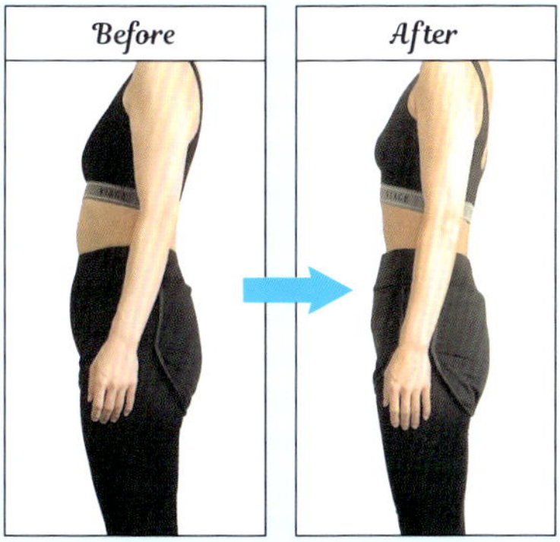

体重
63.8kg→48.4kg -15.4 kg

体重が減っただけでなく、姿勢もよくなりました！

―― ふーさん 40代女性

ストレッチしているというよりも、踊っている感覚で楽しめています。アップテンポなイントロを聴くだけで「さぁ、はじめよう」と前向きな気持ちになれ、ワクワクしながら取り組めるので、気づいたら毎日の習慣になっていました。続けることで体重が減ってきたのですが、それと同時に今まで猫背気味だった姿勢も改善されたことに感謝です。

おわりに

本書をここまで読んでいただきありがとうございます。

僕は日ごろ、筋トレやダイエットに対し、いかに楽しみながら取り組んでもらえるかということを念頭に置き、パーソナルトレーニングの生徒さんやSNSのフォロワーさんに向けてノウハウを紹介しています。

P110でもお伝えしましたが、ダイエットや筋トレは一過性のものではありません。健康な体で、毎日を笑顔で過ごすために習慣として行うものです。だからこそ「辛い」「苦しい」と感じるのでなく、楽しみながら実践してほしいと思っています。

筋トレやダイエットを「もっとやりたい」と感じ、ワクワクするものだったら、がんばらなくても続けられると思いませんか？「ゆるダン体操」が習慣になれば、あなたはきっと気づいたときには理想のボディになっているはずです。

また、気分が前向きになれるよう、この本のために制作したオリジナルソングも気に入ってもらえたら幸いです。

この本を出版するにあたり、ご協力してくださった体験モニターの皆さま、本当にありがとうございました。日ごろから曲づくりから動画編集などさまざまな面でお世話になっている小早川よしきさん、吉田悠祐さんにはいつも感謝しています。

本書が皆さんにとって笑顔で健康な毎日を過ごすための一助になることを願っています。

2024年　11月　　RYO

RYO（りょう）

パーソナルトレーナー。高校卒業後、スポーツに特化した専門学校にて栄養学や機能解剖学、心理学の知識を学びパーソナルトレーナーの資格（ＪＡＴＩ－ＡＴＩ）を取得。今まで培ってきた知識と経験を生かしお客さまを笑顔にするサポートを理念に活動。心と体を健康にするパーソナルトレーナー。Instagramのフォロワー数は40万人超え（2024年10月現在）。SNSを中心に楽しみながら脂肪燃焼し、体を引き締めるためのノウハウを伝承し続け、人気を博している。

Instagram　@ryo.fitness.315
YouTube　RYO Fitness

曲に合わせてマイナス10kg、
あとは勝手にやせていく！
RYO式ゆるダン体操

2024年12月3日　初版発行

著者　RYO
発行者　山下 直久
発行　株式会社KADOKAWA
〒102-8177　東京都千代田区富士見2-13-3
電話 0570-002-301（ナビダイヤル）
印刷所　TOPPANクロレ株式会社
製本所　TOPPANクロレ株式会社

●お問い合わせ
https: //www.kadokawa.co. jp/
（「お問い合わせ」へお進みください）
※内容によっては、お答えできない場合があります。
※サポートは日本国内のみとさせていただきます。
※Japanese text only

定価はカバーに表示してあります。

ISBN 978-4-04-607290-0 C0077